Espacios privados, lugares públicos es un viaje notable, un récord de la lucha de Kathmann a favor de las escritoras, una representación conmovedora de lo que es ser madre, hija y revolucionaria-- un bulldog que muerde el corazón e inspira al lector para asumir el mundo.

---Moisés Zamora, escritor de American Crime

Conocí a Lucina Kathmann en 1994, en Praga, en un congreso del PEN Internacional. Ella y su esposo Charlie, me apoyaron para fundar el Centro Guadalajara del PEN. Desde entonces he colaborado con ella en diferentes proyectos y me fui dando cuenta de que Lucina es muchas Lucinas a la vez: la escritora, la madre, la activista y la amiga.

La he visto alzar la voz en defensa de las mujeres de todo el mundo. He conocido a sus hijos, seis de ellos hijos de su amiga Maru y adoptados por Lucina a la muerte de ella. He disfrutado con sus encantadores cuentos de Pexeps y, sobre todo, he sido honrada con su amistad.

El libro que nos ocupa da fe de lo que digo: confirma a Lucina como una escritora comprometida; como una mujer defensora de los Derechos Humanos en diferentes foros, entre ellos la ONU, y como una amiga extraordinaria, como lo prueba el texto sobre su amiga Maru, donde la puerta es símbolo de eternidad. Es un texto entrañable con un alto nivel estético.

Espacios privados, lugares públicos, es un testimonio de veinte años de trabajo y de entrega a diferentes causas, que hace de Lucina un ejemplo a seguir, no sólo para las mujeres, sino para todo ser humano.

—Martha Cerda, escritora de
La señora Rodríguez y otros mundos

Espacios privados, lugares públicos, de Lucina Kathmann, nos lleva a una aventura por todo el mundo, explorando la belleza de las vidas y los retos de escritores que viven en un clima de opresión, paz, guerra, activismo, amor y esperanza. Con su acercamiento de primera mano, abre con destreza una ventana que absorbe a sus lectores al corazón de sus protagonistas. La colección, llena de poder y fuerza, es una lectura obligada para quienes quieren encontrar tanto una miríada de temas conmovedores como las derrotas y los triunfos de diversos escritores globales.

> -Unoma Azuah, ganadora de los premios Hellman/Hammett, Urban Spectrum, Leonard Trawick y Asociación de escritores nigerianos/Flora Nwapa por su novela *Sky High Flame*

Espacios privados, lugares públicos, por Lucina Kathmann, lleva al lector a un viaje de esperanza, lucha y triunfo con una escritora que ha pasado su vida comprometida y comprometiendo a otros. Con prosa lúcida y una habilidad natural de cuentacuentos, Lucina Kathmann escribe ensayos que van de intensamente personales a crítica literaria a comentario político, frecuentemente con el enfoque sobre la mujer. La colección es consecuente, tiene impulso, muestra a la escritora como particpante, no simplemente espectadora. Lucina Kathmann hace de este mundo un mejor lugar con su claridad de pensamiento, su narrativa convincente y su acción dedicada.

> —Joanne Leedom-Ackerman, escritora de *The Dark Path to the River*

ESPACIOS PRIVADOS
LUGARES PÚBLICOS

ESPACIOS PRIVADOS LUGARES PÚBLICOS

una mujer en el mundo como en casa

LUCINA KATHMANN

ensayos

lucina.kathmann@gmail.com

MADEIRA PRESS
CARRBORO, NC

Madeira Press: http://www.madeirapress.com/

Página de la autora; http://sanmiguelpen.com/2013/01/lucina-kathmann/
Contact: lucina.kathmann@gmail.com

Publisher's Cataloging-in-Publication data

Names: Kathmann, Lucina, 1942-, author.
Title: Espacios privados , lugares públicos: una mujer en el mundo como en casa / Lucina Kathmann.
Description: Includes bibliographical references | Carrboro, NC: Madeira Press, 2019.
Identifiers: ISBN 978-1-935178-42-2
          Library of Congress Control Number: 2016915444
Subjects: LCSH Kathmann, Lucina, 1942-. | Women--Mexico--Biography. | Essays--Women. | Women--Social Change. | PEN (Organization) | BISAC BIOGRAPHY & AUTOBIOGRAPHY / Social Activists | BIOGRAPHY & AUTOBIOGRAPHY / Women | BIOGRAPHY & AUTOBIOGRAPHY / Personal Memoirs
Classification: LCC CT3295 .K38 2016 | DCC 920.72/0972--dc23

Drowned in Madeira wine, two flies began to recover life.
—*Benjamin Franklin*

CARRBORO, NC

Algunos de estos textos aparecieron en mis libros anteriores, otros en periódicos, revistas y publicaciones en el internet. Un grupo de ellos fue publicado primero en francés para la *Revue de Littérature et Traduction* de la Universidad de Saint-Esprit en Kesrouen, Líbano. Carmen Boustani, la editora, me pide un ensayo cada año con un tema siempre fascinante. Durante muchos años Edouard Philippe los ha traducido al francés para mí. Quiero agradecerle en especial, ya que raras veces recibe el reconocimiento que merece. Y muchas gracias a muchos otros, en particular a mi editora Pat Perrin, a mi nuera y editora para textos en español Selene González, y a mis amigos y colegas Nicholas Patricca, Robert Colucci, Pat Hirschl, Martha Cerda y Elizabeth Starcevic.

—Lucina Kathmann

Contents

INTRODUCCIÓN
por Patricia Browne Hirschl

En nuestro primer encuentro, Lucina Kathmann estaba parada detrás de la silla del diseñador técnico de *El Independiente*, sus ojos fijos en la pantalla de la computadora delante de ellos, disparando un español rápido que fue más allá de mi vocabulario de diez palabras. Era marzo de 1998. Mi esposo y yo estuvimos en México para unas vacaciones de tres meses, un hiato del invierno de Indiana. Mi amorío con San Miguel inspiró varias cartas a la editora que *El Independiente* publicó, y escribí para el periódico hasta su desaparición unos años después, yo ya trasladada a México, en gran parte por amigas como Lucina.

Como editora de la sección en español de *El Independiente*, Lucina con la editora en jefa Sareda Milosz, reunieron una combinación rara de noticias y opinión para lectores hambrientos de algo más de lo que el periódico local semanal ofreció.

Ambas editoras eran activas en el PEN Internacional, una asociación de escritores con sede en Londres que apoya la libertad de expresión en todo el mundo. PEN es la obra de vida para Lucina, a la cual ella dedica mucha de su energía sin fin y su escaso tiempo. Sareda sucumbió al cáncer en 2006 pero Lucina ha continuado a pesar de todo, como esta colección de ensayos escritos a lo largo de veinticinco años documenta.

En 2003 el PEN Internacional reconoció su dedicación con una vicepresidencia internacional, un puesto que ella confiesa

1

es el enfoque de su vida. Lo ha llevado a Kurdistán en el 2005 (Ensayo 13), todavía una zona de guerra, no obstante las protestas de muchos de sus amigos, incluyéndome. Ninguna balala hirió, pero ella probó los sesos de borrego, proporcionados con una cuchara, pero pasó del globo ocular, ofrecido por el servidor como un deleite especial. Afortunadamente el Presidente del PEN Kurdo hizo una señal al servidor. Aprendió la palabra para toalla, *hawli*, cuando no encontró una en su cuarto del hotel, pero también aprendió cuán rara era tal cosa, cuando un empleado avergonzado le entregó su *hawli*, "todavía envuelta del mercado... prístina, gruesa, nueva, crema y blanca."

Su cruzada por los derechos humanos ha inspirado la defensa de mujeres poetas de Mesoamérica (Ensayo 3) y la defensa de un poeta ciego encarcelado en Turquía (Ensayo 6) quien le llevó en un paseo en barco por el Bósforo después de su liberación. Durante sus veintitrés años de encarcelamiento, atesoró su apoyo como representante del PEN.

Conoció a una poeta senegalesa, Fatou Ndiaye Sow, un encuentro que llevó a la recitación conjunta de uno de los poemas de Fatou en una catedral en el Lago Ohrid en Macedonia...Lucina en inglés, Fatou en francés. Su honda amistad fue truncada por la muerte prematura de Fatou en 2004 (Ensayo 11).

De estas obras, aprendí lecciones tan dispares como:

*Un candidato nombrado por Bush para el Comité de Consejo de Drogas de Salud Reproductiva FDA dijo que las mujeres deben rezar para aliviar SPM (Síndrome Premenstrual).

*Los mexicanos tradicionales desconfían de las mujeres cultas, según un viejo dicho: *La mujer que sabe latín no tiene marido ni tiene buen fin.*

*África no está tan lejos de Indiana como yo pensé. Una historia nigeriana incluye el sofoco de un hombre adulto que vive con sus padres. "Todavía come de la olla de su madre." En la tierra Hoosier, también creemos que los hijos adultos que todavía viven en la casa de sus padres deben ser desalojados del nido.

En los ensayos vemos también algo de la vida doméstica de Lucina. Durante muchos años Lucina, Elizabeth Starrcevic (otra escritora) y yo asistíamos a una clase de aeróbicos a las 7 am cerca del jardín central del pueblo. En el desayuno después de la clase, en uno de los agradables proveedores sanmiguelenses de huevos rancheros y al abrigo del frío de la mañana tempranera, Lucina mencionó a sus ocho hijos. Seis eran adoptados, añadió ella por casualidad. Dándose cuenta de mi boca abierta, me explicó, "¿Pues, qué se puede hacer cuando su mejor amiga muere? Charlie [su esposo] y yo vimos que no hubo otra manera." (Ensayo 10)

También su vida como maestra de mate. Parece que su hijo menor pidió en su niñez cuentos de "Péxeps". Pudo describir este personaje...su casa, su bosque con muchos animales, pero nunca pudo explicar su nombre. Lucina escribió un libro de cuentos infantiles con Péxeps como la estrella y más tarde, cuando necesitó material para enseñar matemáticas como voluntaria en la escuela Agassiz, creó un libro de matemáticas protagonizado por Péxeps y sus amigos del bosque para ilustrar asuntos de mate que se les dificultaron a los alumnos de secundaria. Cuando un canguro empieza a dar brincos para atrás, por ejemplo, conduce a la necesidad de extender la recta numérica para atrás también, presentando así los números negativos. (Ensayo 22)

Lucina abrió mi mundo a una realidad más amplia, una aventura que los lectores experimentarán cuando prueben los ensayos en este volumen. Su meta es abrir nuestros ojos, frecuentemente a la devaluación de las mujeres, resumida en esta cita de la novela reciente de Jennifer Clement, *Ladydi:*

"Una mujer desaparecida es nada más otra hoja que va por el desagüe en una tormenta."

Y con ojos y corazones descubiertos, trabajar para corregir la falta de equidad de la que esta cita hace eco.. .Alguna mujer, alguna hoja...capaz de resistir la tormenta más intensa, para subir a la cima de cualquier corriente.

1. La puerta de Maru

Maru Beltrán, 1955-1988.

Este cuento trata sobre mi vecina y mejor amiga Maru Beltrán. El 26 de diciembre de 1988 ella murió de parto, dejando a su recién nacida y sus otros cinco hijos a mí y a mi esposo Charlie. Criamos a los seis niños junto con nuestros dos hijos propios. Aunque Maru murió trágicamente, lo que espero es que este cuento muestre la vida que Charlie y yo teníamos con ella como nuestra amiga.

L a puerta de mis vecinos se descompuso nuevamente, tiene que ser la centésima vez. Realmente debiera ofrecerles una nueva. Pero no puedo. Es que, para mí, hay tanto de Maru en aquella puerta. Aunque no tengo ilusiones. Es una cosa realmente imposible; nunca ha servido.

Recuerdo muy bien una temporada hace mucho, cuando la sinvergüenza puerta se había hinchado en tiempo de lluvias y no cerraba más. Recuerdo otra temporada un poco después, cuando había encogido otra vez, pero cuando ya se aflojaron tanto las bisagras que la puerta se soltó hasta arrastrarse en el suelo y por fin quedarse entreabierta. Durante un tiempo Maru no pudo ni cerrarla ni abrirla. Solamente los flacos, conteniendo bien la respiración, podían pasar.

En esa época fui personalmente para investigar la puerta. Me pareció que, con tantos arreglos, todo el marco y parte de la pared estaban mal. Sus bebés y animales podían salir, y borrachos y perros ajenos podían entrar de la calle. Y Maru nunca en la vida iba a juntar dinero para derribar la pared y rehacerla bien. Cualquier día pedazos del marco o de la pared podrían caer encima de uno de sus familiares – o, como yo también entraba por esa puerta muchas veces al día, podrían caer encima de mí. Por eso, le ofrecí como regalo que le prestaría a mi maestro albañil.

El maestro y sus ayudantes trabajaron muchos días. Al fin la nueva pared estuvo lista. Ahora se veía bien recta. El maestro puso un nuevo marco y recolgó la puerta. Maru la miró con orgullo. "¡Ay, qué bonita se ve!" dijo ella. "Ahorita tengo ganas de que el resto de la pared se vea igual". Yo le prometí que sacaría una foto de la puerta al día siguiente, cuando hubiera sol.

Nunca pude sacar la foto. Al día siguiente, a las 6 de la mañana, cuando Maru salió a su trabajo, la puerta no se cerró, la muy sinvergüenza.

***

Me acuerdo bien de la primera vez que Maru me habló de la puerta. Estábamos juntas corriendo en el campo. Yo la había conocido hacía bastante tiempo, cuando acababa de comprar la casa contigua a la suya. Fue poco después de la muerte de su esposo. Ella lloraba mucho en esos días y yo la rehuía. No quería tratar con una llorona. Ahora eso me parece egoísta, y me da vergüenza, pero de todos modos eso es lo que hice. Más tarde, cuando la veía sonreír, me le acercaba, y después la buscaba más y más, con varios propósitos, porque la encontraba siempre muy simpática. Cuando ella sugirió que iría conmigo a correr, la idea me cayó bien. Y un día, corriendo juntas, me atreví a preguntarle, "¿Maru, cómo es tu vida?" Realmente quería saberlo.

Contestó, y lo que dijo me sorprendió mucho. En vez de las cien respuestas que pude imaginar, referente a su vuidez, su pobreza, su trabajo duro, sus muchos niños etcétera, lo que Maru me dijo fue: "Pues, bien, Luci. Todo está bien. Nada más me molesta lo de la puerta. No podemos salir todos a la vez; nunca podemos asistir a la misma fiesta."

Así era Maru. Viva y llena de gozo.

Recuerdo la semana cuando surgió la idea de las escuadras de fierro. Fue sugerencia de un novio rechazado por Maru, un carpintero. Según me enteré, las escuadras supuestamente iban a servir un poco, pues, no exactamente como una faja, más bien un corsé con sostenes de barba de ballena, para contener los pedazos de madera como si fueran partes del cuerpo de una dama gorda.

Discutimos esta idea. Lo que no le cayó bien a Maru fue la fuente de la idea. No quería nada a este pretendiente, y raras veces perdió la oportunidad de despreciarlo. "Es un borracho," decía, "y además no cumple sus promesas."

Pero no tuvimos otra idea mejor para la puerta, y además, un primo de Maru, un herrero, estuvo de acuerdo con el carpintero. Por fin Maru se convenció y mandó hacer las escuadras. Pero cuando llegaron, ella no pudo instalarlas. Trabajó todo el fin de semana y se rindió. Le dijo a mi esposo, "Tal vez necesiten un hombre."

Por eso Charlie empezó a probar su suerte, con destornilladores y llaves y quién sabe qué, sudando y gruñendo, y por fin lo logró. Una vez colgada, la puerta quedó bien recta en sus bisagras. En este estado sirvió bastante bien, una semana entera por lo menos. Pero así nunca inspiró mucho orgullo, pues siempre se vieron muy claramente las escuadras, como si fuera la ropa interior la que la sostuviera. Y al rato se descompuso de otra manera.

A veces la puerta servía, a veces no. Poco a poco perdí mi capacidad para sorprenderme, y aprendí a decir "ni modo", como Maru. Lo que todavía me molesta hoy es que no recuerdo si la puerta servía cuando Maru murió. Me lo pregunto siempre. Cuando salió por última vez, yo la esperaba en mi coche para llevarla al hospital. La puedo ver ahorita mismo con toda claridad. Puedo oír su voz. Puedo verla salir por la puerta. Lo único que no puedo ver es si la sinvergüenza puerta cerró.

2. LAS MUJERES COMO CONTRIBUYENTES A LA CULTURA

Pasamos hacia adelante al final de 1996. Mi esposo había muerto de cáncer en enero. Yo acababa de ser elegida Presidenta del Comité de escritoras del PEN Internacional (PIWWC). Mi antecesora Greta Rana, de Nepal, había representado al PIWWC en la Cuarta Conferencia Mundial sobre la Mujer de la ONU en Beijing 1995. Como resultado, recibió una carta invitando a nuestro Comité a asistir a la 41ª sesión de la Comisión de la ONU sobre la condición jurídica y social de la mujer, que iba a realizarse en Nueva York en marzo 1997. Me la mandó por fax con una nota: "¡Ve!"

Fui. En aquel tiempo no adiviné que veinte años más tarde todavía iría cada año.

El PIWWC era nuevo entonces. Queríamos informar a la gente sobre nosotras. Pedí a la organizadora del Comité de ONGs una oportunidad para hablar. Para mi asombro, me dijo que yo podría ser la presentadora de la ONG destacada la mañana siguiente.

Aquí sigue lo que dije:

Buenos días. Me llamo Lucina Kathmann y soy Coordinadora Internacional del PEN International Women Writers Committee. El PEN International es una asociación mundial de escritores, ahora con 130 centros en alrededor de 100 países. El Comité de Escritoras fue creado en 1991 como un comité dentro de dicha organización. Fue inmediatamente muy popular, y ahora tiene coordinadoras regionales en 70 países.

El país donde vivo es México, y ésta es mi primera experiencia en la ONU. He escuchado con interés las discusiones durante estos últimos ocho días y me gusta lo que oigo. Me impresiona especialmente el acuerdo que tenemos sobre el tema de lo que es la "mejor práctica", porque muchas de nosotras aquí no podríamos haber experimentado tal práctica en nuestros países. Debemos saber de eso, de nuestros sueños.

Como mi área es la cultura y las escritoras, he escuchado especialmente las discusiones – dentro y fuera de las sesiones plenarias – acerca de la necesidad de la educación sensible al género. Estoy de acuerdo con mucho de lo que he escuchado. Pero he observado que aun en las excelentes sesiones acerca de la niña, donde hablamos de la conciencia del maestro y el contenido de los materiales pedagógicos, enfocamos a la niña o a la mujer como consumidora de la cultura en vez de contribuyente a la cultura.

Las mujeres son colaboradoras fuertes. En todos los países, a veces bajo condiciones casi insuperables, hay mujeres que escriben y que procuran que sus obras sean leídas y discutidas. Es en sus aportaciones a la cultura, en el escuchar sus voces por medio de sus obras, que encontramos el material para corregir nuestros errores y prejuicios acerca del género. Todos los materiales pedagógicos del mundo, aunque de buena voluntad, no sustituyen el escuchar la voz de la mujer que habla por sí misma.

Pero no es tan fácil obtener las obras de las escritoras, sobre todo en algunos países. Hay mucha discriminación contra nosotras. Especialmente donde los recursos económicos son escasos, el porcentaje de tales recursos destinados a las escritoras, es muy bajo.

Hice una encuesta en la Feria Internacional del Libro en Guadalajara, México. Encontré que el 10 por ciento de los libros publicados en América Latina son escritos por mujeres, aunque más de la mitad de los escritores en talleres literarios en todo México son mujeres. La coordinadora de Africa francofona de mi comité, dice que en algunos países de Africa la cifra es el 2% o menos.

Además, en muchos lugares, la gente simplemente no está lista para escuchar las voces de las mujeres. Parte del mandato de mi comité es el investigar las formas de la censura y la represión que padecen las escritoras. Desde hace mucho el PEN International ha tenido un programa activo y bueno para apoyar a los escritores encarcelados por lo que escriben. Pero encontramos que aunque hay casos de escritoras encarceladas, por sus escritos, las escritoras usualmente son calladas de otras maneras. No solamente son las maneras de la represión específicas a las mujeres, las razones empleadas para atacarlas son específicas al género también. Usualmente involucran las ideas religiosas y culturales de lo que es apropiado a la mujer – entonces es verdaderamente una censura basada en el género.

Querría ilustrar todo estos con casos del trabajo de nuestro comité, pero no es posible en una presentación breve. En este contexto lo que les quiero decir es simplemente que debemos pensar en la mujer como contribuyente a la cultura tanto como consumidora. Debemos redactar nuestras recomendaciones para proteger y fomentar la voz cultural de la mujer. Muchas gracias.

3. La palabra afligida: casos de la represión de poetas mesoamericanas

Empecé a redactar sobre escritoras latinoamericanas en 1998, buscando el delicado balance entre presentar sus historias de represión y mostrar su poesía. Escribí este ensayo para leer en dos reuniones, un simposio de escritura de escritoras latinoamericanas en Salta, Argentina en octubre de 1998 y una conferencia del PIWWC en Guadalajara, México, en diciembre de 1998. Desde entonces ha sido publicado en diversos lugares.

La historia de la "palabra afligida" de la mujer en latinoamérica, es decir, la represión de escritoras y de sus escritos, es muy larga. Un caso temprano y espectacular ocurrió en 1690, cuando Manuel Fernández de Santa Cruz, Arzobispo de Puebla, ordenó a Sor Juana Inés de la Cruz que dejara de publicar. Tal vez hubiera otros casos antes.

¿Y después? No hemos triunfado todavía. Nuestras palabras siguen en peligro – no siempre, no en todos los lugares – pero es muy fácil encontrar ejemplos de obras magníficas de cualquier década, de cualquier género, de escritoras latinoamericanas que han estado reprimidas.

Voy a enfocar la época reciente, los 70, 80 y 90, y presentar extractos breves de las "palabras afligidas" de unas poetas de mesoamérica. Según la escritora mexicana Brianda Domecq, que hablaba de la poeta desaparecida Alaíde Foppa, tenemos "una tarea que cumplir: mantener viva y presente su voz como vehículo de protesta ante las innumerables injusticias que ella misma vivió para denunciar."

Voy a citar primero a un grupo de tres escritoras indígenas de la región maya, luego a Alaíde Foppa, a la cubana María Elena Cruz Varela y a la salvadoreña Claribel Alegría.

A fines de los '70 y los '80, me enteré de las matanzas de la comunidad maya en Guatemala. Muchos pueblos enteros fueron destruidos. Los pocos sobrevivientes huyeron y trataron de cruzar la selva a pie para llegar a Chiapas (México), desesperados y sin nada. En *Patria abnegada*, la Nobel premiada escritora maya, Rigoberta Menchú Tum, dice:

> *Crucé la frontera amor*
> *no sé cuando volveré*
> *Volveré cuando mamá torturada*
> *teja otro huipil multicolor*
> *cuando papá quemado madrugue otra vez*
> *para saludar el sol desde las cuatro esquinas*
> *de nuestro ranchito.*

Cuando denuncié ante mis familiares y conocidos que estaban en los Estados Unidos, el papel infame del gobierno estadounidense en esta situación, casi todos me dijeron que lo que les conté no era verdad. Quince años más tarde, mi mamá, la única que tenía el valor, me llamó para admitir que todo lo que le dije de Guatemala sí era verdad. La respeto por haber hecho esta llamada.

Unas escritoras de las comunidades mayas arrasadas se atrevieron a levantar la voz para evitar que sus vidas, comunidades y culturas enteras desaparecieran sin rasgo alguno. En muchos casos escribieron en lenguas también reprimidas, y una poeta que voy a citar es analfabeta.

Este poema, escrito en la lengua maya cakchiquel por Caly Domitila Cane'k, fue el más popular de un grupo que leí en versión inglesa en Palestina, en septiembre de 1997. Se refiere a Xibalbá, que es un lugar de sombras y muerte para los mayas.

Ellos destruyeron la casa de mi madre
destruyeron mi pueblo,
destruyeron nuestras vidas,
desolaron mis vecinos,
como a esos de Xibalbá me acosaron,
traumatizaron a mis padres,
los atajaron en la oscura casa de la noche,
secuestraron a mis hermanos,
a mis hermanos de sangre,
los torturaron
colgaron
quemaron
y vivo, medio enterraron a uno,
así, volvían añicos las esperanzas de mis padres
el futuro que son los hijos.

Huérfanos están mis padres
pesarosos por la cruel matancina de sus hijos,
por su rancho ardido,

están afligidos porque son viejos
pues ya no pueden criar más hijos
¿Quién los va a ciudar?
¿Quién va a sepultarlos?

Recientemente encontré este poema de la escritora tzotzil de la tradición oral, María Pérez Tsu. Se llama *Rezo para un hijo desaparecido*; *Jtotik* es el nombre de Dios.

Mira, Jtotik
Ya no llegó mi hijo a la casa.
Se acabó mi hijo
Se murió mi hijo
Todavía tengo en mi cabeza, en mi corazón
el regalo que me diste.
El hijo que me regalaste
El que ya no llega a mi casa.

Alaíde Foppa, poeta, traductora, profesora, feminista, luchadora constante por los derechos humanos, probablemente murió por su apoyo a las comunidades mayas. En la misma semana en diciembre de 1980 en la que desapareció, sus entrevistas con mujeres de los maya-quiché, hablando de su lucha, se oyeron por la radio. Exiliada en México desde hacía muchos años, cruzó la frontera guatemalteca para visitar a su mamá anciana. Manejando por la capital, fue detenida por un militar y desapareció. Nunca se supo más de ella.

Con este fragmeto de *La Palabra y el tiempo*, su último y preferido libro, quiero invocarla:

I

Una infancia
nutrida de silencio,
una juventud
sembrada de adioses
una vida
que engendra ausencias.
Sólo de las palabras
espero
la última presencia.

III

Acaso me escondo
en las palabraas
y abrigo en ellas
mi desnudez
o acaso
me van quitando
hasta el último velo
que me disimula.

XII

Una poesía
nació esta mañana
en el aire claro.
Estaba distraída
Se me fue de la mano.

XV

No son las palabras
las que hablan
dicen muy poco

engañan.
Detrás de ellas
acaso
una voz escondida
susurra alguna vez
y con las mismas palabras
conocidas
nos asombra.

XXII
Es demasiado
el canto.
Una palabra
bastaría
dicha en voz baja
suspendida en el aire
una palabra
que roce apenas
la piel
y deje leve huella
en el tiempo.

XXVII
Despojada
día a día
de todas mis vestiduras,
reseca planta
desnuda
en mi solitaria
boca marchita
florecerían todavía
frescas palabras.

Cuba es el único país en latinoamérica donde la represión de escritores regularmente tiene la forma de encarcelamiento. La poeta cubana María Elena Cruz Varela fue parte de "Criterio Alternativo", un grupo de intelectuales que buscaba solución no violenta de los problemas en su país. En noviembre de 1990, ella escribió un libro de poesías, *El Angel Agotado*, al cual adjuntó una "Declaración de Principios, a modo de prólogo". Presento un extracto.

Existe un juicio más importante que el juicio que ejerce un hombre sobre otros, y es el juicio de la historia, cuya sentencia es inapelable. Después de diez años de pensar, decido salvar lo que es más importante en esta cuádruple función de escritora, madre, mujer y cubana. Opto por someter a la escritora al implacable juicio de la historia. Me niego rotundamente, con la única arma de que dispongo, la palabra, a formar parte de un sistema cerrado.

Como poeta, como intelectual, como persona, me niego una y mil veces a asumir esta especie de fatídico destino presentando a éste como la expresión de un orden natural. Sr. Presidente, no estoy de acuerdo. Por la responsabilidad que se adquiere cuando se escriben libros que serán juzgados y leídos por otros, por mi condición de intelectual, me siento responsable del papel que me corresponde en mi momento histórico. Mi posición es no, no estoy de acuerdo. Basta ya de experimentar con la vida de millones de seres humanos. Esta es mi declaración de principios.

Unicamente el prólogo es explícitamente político. Los poemas en el libro describen la frustración que se siente. Cito del poema *El Angel Agotado:*

Estoy lanzando piedras contra la oreja sorda
Le digo que me espere
No es tiempo de morir a la sombra marchita
de los álamos.

Estoy lanzando piedras contra la oreja sorda
Sangrante de este mundo
Este mundo convexo que muestra sus espaldas.

Sigo lanzando piedras. Estoy cansada y sigo.
La loca muestra impúdica la mueca desdentada
de su hastío
Vira al revés su bolso. Esparce pieza a pieza su
manojo de olvidos.

Lo digo que me espere
No es tiempo de morir a la sombra marchita de
los álamos
No resisto esta paz de abrevedero. Ni la culpa
redonda
pendiente del manzano. Ni la flecha buscando
centro en mi cabeza
Estoy lanzando piedras. Quezás encuentren eco
O las devore el fondo.

En Cuba, este nivel de protesta es duramente reprimido. En noviembre de 1991, María Elena Cruz Varela sufrió un ataque por una "brigada de respuesta rápida", una banda extra-oficial ligada al gobierno cubano. La jalaron de su casa y la obligaron a tragar sus escritos. Poco después, fue detenida, acusada y sentenciada a dos años de cárcel por "asociación ilegal" y "falta de respeto a las instituciones del estado".

Salió de la cárcel hace unos cinco años. Fue obligada a salir del país, y todavía no se ha recuperado completamente de los daños a su salud que sufrió durante su encarcelamiento.

Voy a concluir mi ponencia leyendo unos poemas de la salvadoreña Claribel Alegría. Porque la guerra en El Salvador duró mucho, ella tuvo que vivir mucho tiempo en el exilio, y ahora, cuando tal vez pueda regresar, tiene ya más de 70 años. Toda su vida ha estado obsesionada por su país. En su poema *Documental*, al fin de una larguísima descripción de El Salvador, termina:

etcétera, etcétera
país etcétera
país llaga,
niño,
llanto,
obsesión.

Alegría ha estado ligada con todos los intelectuales revolucionarios salvadoreños, y ha dedicado su talento al bien de su país – donde irónicamente casi nunca ha vivido. En este poema se describe como un "cementerio" para los muertos de su país cuyos cuerpos no han sido recuperados y enterrados. (extracto de *Eramos Tres*)

montan guardia mis muertos
me hacen señas

me asaltan por la radio
en el periódico
el muro de mis muertos
se levanta
se extiende de Aconagua
hasta el Izalco
continúan su lucha
marcan rumbos
era de piedra el puente
era de noche
nadie sabe decir
cómo murieron
sus voces perseguidas
se confunden
murieron en la cárcel
torturados
se levantan mis muertos
tienen rabia
las calles están solas
me hacen guiños
soy un cementerio apátrida
no caben.

Cerraré con el poema gracioso *Tamalitos de Cambray*, que Claribel Alegría escribió cuando alguien le pidió "una receta salvadoreña". Creo que, con muy pocos cambios, podría ser una receta mexicana o guatemalteca también.

Dos libras de masa de mestizo
media libra de lomo gachupín

cocido y bien picado
una cajita de pasas beata
dos cucharadas de leche de Malinche
una taza de agua bien rabiosa
un sofrito con cascos de conquistadores
tres cebollas jesuitas
una bolsita de oro multinacional
dos dientes de dragón
una zanahoria presidencial
dos cucharadas de alcahuetes
manteca de indios de Panchimalco
dos tomates ministeriales
media taza de azúcar televisora
dos gotas de lava del volcán
siete hojas de pito
(no seas malpensado es somnífero)
lo pones todo a cocer
a fuego lento
por quinientos años
y verás qué sabor.

Nota: Muchos de los poemas en esta ponencia están citados en versión abreviada.

Créditos: Gracias a Martha Cerda, Brianda Domecq, Mandy Garner, Nicholas Patricca y Elizabeth Starcevic por su ayuda en la preparación de esta ponencia.

Bibliografía:

Alegría, Claribel, *Flowers from the Volcano*, University of Pittsburgh Press, Pittsburgh, USA, 1985.

Alegría, Claribel, *Woman of the River*, University of Pittsburgh Press, Pittsburgh, USA, 1989.

Anglesey, Zoe (ed.) Ixok Amar Go: Central American Women's Poetry for Peace, Granite Press, Maine, USA, 1987.

Cruz Varela, María Elena, *El ángel agotado*, Ediciones Palenque/Codehu, Florida, USA, 1991.

Espada Martín (ed.) *Poetry Like Bread*, Curbstone Press, USA, 1994.

Foppa, Alaíde, *Las palabras y el tiempo*, La Máquina Eléctrica, México, 1979.

4. El viento de la guerra

En la primavera de 1999 estuve de visita en Chicago, cuando las fuerzas de la OTAN bombardearon Kosovo. No hice caso, o tal vez intentaba no hacer caso. Por casualidad vi un artículo bastante inusual que denunció el bombardeo y empecé a entender que con mi silencio, efectivamente, era cómplice.

Escribí este artículo para el periódico en San Miguel un día después de volver a México. Muchos expatriados norteamericanos, me dijeron que habían experimentado algo parecido.

Regresando a casa, me doy cuenta de la división radical en mis lealtades, y qué esfuerzo se requiere para llenar el vacío. Lo sabía cuando estuve en Chicago recientemente. El problema fue el bombardeo de Yugoslavia por la OTAN. De alguna manera, en los EU, el bombardeo pareció inevitable y aun justo.

Por supuesto, fue el mensaje que traían casi todos los medios. Y cuando leímos lo poco que salió en los periódicos sobre toda la gente de otros países que se sintieron ultrajados por el bombardeo, nos dejó realmente perplejos.

Yo, como muchos, nunca pensé conscientemente sobre la guerra hasta que un día me llegó un mensaje por email que incluyó un texto del Presidente Internacional del PEN, Homero

Aridjis, en el cual denunciaba el bombardeo con palabras muy fuertes en nombre de todos nosotros miembros del PEN International. Me sorprendió que, al leerlo, una ola de orgullo se apoderó de mí. Cualquiera que sea mi ciudadanía, me di cuenta que sus valores son los míos, aunque por poco los olvidaba.

A partir de este momento, me fue mal en los Estados Unidos. Cada vez que oía los medios, y aún más cuando mis amigos expresaron su apoyo al bombardeo, sufrí al sentirme parte de una cultura de guerra, donde incluso la gente pensante y la de antecedentes en la no violencia están convencidos por la propaganda del momento. Yo también había llegado al punto de estar convencida.

Poco después ocurrió la matanza en la escuela—ya anual en los Estados Unidos. La prensa denunció como "absurda" la idea de que fue una manifestación de la misma tendencia promoviendo los bombardeos en Yugoslavia.

El conflicto empezó a dolerme más. Casi todo lo que oía empezó a parecerme falso. Sabía que mi lugar espiritual era más con lo expresado por Homero. No quería quedarme donde les gusta ejecutar "criminales", y por eso no pueden firmar el Convenio contra la Tortura y los Castigos Crueles e Inhumanos. No me quería quedar donde la idea de la perspectiva internacional es nada más la de un grupo de naciones ricas del Atlántico del norte. No me quería quedar donde no le dan crédito al ultraje de docenas de países, donde no se respeta a la ONU. Una vez que salí de Chicago, me fui corriendo a la frontera.

Al otro lado las cosas cambiaron. A la cima de la pila de mis correos encontré la carta de Betty Campbell, una Hermana de Misericordia que vive en El Paso, México, que empezó "Nos oponemos a los bombardeos en Yugoslavia". En mi taller literario, mi colega Antonio Rodríguez Simón trajo un poema pacifista sobre la experiencia de ser niño cuando su papá fue reclutado para el ejército de Franco en las Islas Canarias. (El me ha enseñado que no es importante a qué lado de la lucha uno se encuentre.)

Me acordé de una conversación hace 16 años con un peón que estaba poniendo el piso en mi baño, que me preguntó, "Dígame, señora, ¿por qué los de los Estados Unidos siempre entran en guerras?"

Desafortunadamente sé por mi experiencia personal cuan inevitable y justa parece la guerra cuando uno se encuentra en los Estados Unidos. Debe haber sido así también en la Alemania nazista y muchos otros lugares en muchas otras ocasiones. Me asustó que lo sentí y casi lo creí. El ambiente pro-guerra se encontraba por todos lados; no pude quitarlo definitivamente de mi mente hasta que salí del país.

5. LA POESÍA HABLA DEL EXILIO

Escribí este ensayo para leer en una conferencia organizada por el PEN de los escritores cubanos en el exilio en Miami, en marzo del 2000. Después de leerlo en Miami en español, mi amiga Fatou Ndiaye Sow me invitó a una conferencia literaria en Senegal. Como cito un poema de Fatou en este ensayo, decidí leerlo en francés en Senegal también. Los animadores en aquella conferencia fueron una compañía de baile de gente de Ruanda en el exilio. Después de la sesión, muchos se me acercaron para hablar, conmovidos por la poesía del exilio que cité, tal como habían estado los cubanos en Miami. Los dos grupos todavía me escriben.

En el siglo sexto antes de Cristo, el rey Nabucodonosor venció a los judíos y los obligó a exiliarse en Babilonia. En el Salmo 137, lloran su exilio:

> *Al borde de los canales*
> *que pasan por Babilonia*
> *nos sentábamos llorando*
> *al recordar a Sión*
>
> *.....*
>
> *¿Cómo podíamos cantar*
> *canciones del Señor*

en un suelo extranjero?
Si me olvido de ti, Jerusalén
que mi mano se olvide de servirme
que mi lengua se pegue al paladar
si de ti no me acuerdo
si Jerusalén no es para mí
mi mayor alegría.

Este exilio duró 60 años, tres generaciones. Antes y desde entonces, hubo y hay exilios, más y menos largos, en muchos lugares en todo el mundo. Las razones son varias: para salvarles la vida, para recuperar la libertad, o porque han sido expulsados de su país o vendidos como esclavos a comerciantes. Voy a plantear, por medio de poesías y fragmentos de poesías, algunos temas frecuentes en la literatura del exilio. No les voy a decir cómo es el exilio, porque muchos de ustedes lo saben mejor que yo. Es mi deseo presentarles algunos textos que tal vez todavía no conozcan sobre un tema que nos interesa a todos. He conocido a todas las autoras a través del PEN International.

Un poema por la poeta de Senegal, Fatou Ndiaye Sow, conmemora el exilio de los miles de personas de su país que fueron vendidos en esclavitud en los siglos XVI, XVII y XVIII. Se titula *Gorée*, el nombre de la Isla en Senegal (ahora un museo) donde retenían a los esclavos hasta que eran enviados en los barcos al nuevo mundo.

Reina de aguas tumultuosas
en tu trono de granito,
te veo en los altos sobre el océano,
mis ojos soñadores

naufragados sobre tus piedras
porque en un país de diáspora
un hombre inspirado por Dios
busca entre los siglos
renovar su cordón umbilical.

Grita:
– Hombres de mi tierra
hombres blancos
hombres amarillos
hombres rojos
¿Ya no queda ninguno de los hombres azules
hombres con corazones justos
sin raza, sin continente?

Soy el ausente
no puedo contar los días de mi ausencia
A la humanidad ofrezco
la luz incandescente del espíritu de los siglos

Brazos de sueños
meciendo al revés
el aliento del destino
las cenizas de mis planes.

Generalmente tenemos más conocimiento de los exiliados de nuestro hemisferio y nuestra era. En los últimos 25 años, casi todos nuestros países de América Latina han dado o recibido olas de refugiados de guerras y regímenes represivos. La salvadoreña Claribel Alegría, como algunos de ustedes, ha vivido casi toda su vida en el exilio, en Nicaragua, México, Chile, Uruguay y Europa. Se podría suponer que los recuerdos de la patria se borraran en el transcurso de las décadas, pero esto no le ha pasado. El Salvador sigue siendo tema de muchos de sus poemas, en los cuales la frustración, el odio, el amor y la ternura que tiene para su sufrida y querida patria se derraman. También explora el tema del exilio.

La huida al extranjero, sin saber ni si, ni cuándo uno regresará, da un tono especial a la despedida. En muchos casos se sabe muy bien que el adiós es para siempre. Este es un fragmento de su poema *Despedidas*.

> *"Es hora de tu siesta"*
> *digo mirando a hurtadillas*
> *el reloj*
> *"sí"*
> *me miras con los ojos que no enfocan*
> *te quito los zapatos*
> *las peinetas*
> *te cubro con la sábana*
> *y te beso la frente*
> *las maletas me esperan*
> *medio abiertas*
>
> *quiero verte otra vez*
> *una última vez*
> *quiero llorar*
> *velarte*
> *escaparme volando*

acunarte en mis brazos

Vuelve a arrancar el auto
tú dormida allá lejos
con tu muerte creciendo
Alberto amonestándome
a no sembrar más odios
con escritos
yo con la frase pronta
que se niega a salir.

Muchos exiliados también mueren antes de poder regresar a la patria. En *Muerte extranjera* la poeta nicaragüense Daisy Zamora habla de los últimos momentos de un amigo que murió en el exilio:

¿Qué paisajes de luz, qué aguas, qué verdores,
que cometa suelto volando a contrasol
en el ámbito azul de una mañana?

¿Qué furioso aguacero, qué remoto verano
deslumbrante de olas y salitre
qué almedas sombrías, qué íntimo frescor
de algún jardín, qué atardeceres?

¿Cuál luna entre tantas lunas
cuál noche del amor definitivo
bajo el esplendor de las estrellas?

¿Qué voces, qué rumor de risas y de pasos
qué rostros, ya lejanos, qué calles familiares,

qué amanecer dichoso en la penumbra de un cuarto
qué libros, qué canciones?
¿Qué nostalgia final,
qué última visión animó sus pupilas
cuando la muerte le bajó los párpados
en esa tierra extraña?

Me llama la atención la fidelidad que tienen estas poetas por la patria. Siempre entendemos el exilio como una medida temporal, que nadie quiere que sea larga, pero a veces lo es. El exilio de nuestros colegas cubanos en ciertos casos alcanza a 40 años, pero he citado ejemplos de exilios mucho más largos. Lo que me sorprende es que aún en estos casos, el anhelo, el interés y la devoción no disminuyen. En el PEN International, tengo experiencia con varios grupos de escritores en el exilio: en diciembre 1999 estuve en Bruselas con los kurdos exiliados en Europa, ahora estoy con ustedes. Lo que observo, y que otros trabajadores del PEN observan, es que los grupos de escritores en el exilio se preocupan constantemente por la patria. Son famosos por escribir poemas, cuentos, novelas y periodismo; por llamar, reclamar, mandar faxes, etc. sobre la patria todo el tiempo.

A la vez, todos conocemos a personas que emigran de un país a otro y pronto pierden su identidad y sus raíces. La diferencia es impresionante.

La chilena Silvia Cuevas vive en Australia desde hace 25 años. Cierro con su poema *Hasta cuándo*, escrito en 1996. Se refiere a Chile, con pocos cambios se podría referir a muchos otros lugares.

¿Hasta cuándo seguirán esos infames
uniformes en el mando?
¿Cuándo lograremos arrancarnos
este nudo de la garganta,
y podremos vomitar
todo el odio acumulado?
¿En qué momento de la historia
encontrará la madre,
el cuerpo de su hijo degollado?
¿Cuándo dejarán de hacer duelos
por asesinos ensangrentados?
¿En qué momento abrirán los ojos
tantos cómplices apatronados?
¿Cuándo dejaremos de dar vueltas
en la soledad del exilio,
soñando siempre con el hogar abandonado?
¿Cuándo será el día,
en que nuestros niños caminen de la mano,
cantando un himno libre
de un Chile liberado?
¿Hasta cuándo?
¿Hasta cuándo
deberemos seguir luchando?

Bibliografía:
Fleurs du Sahel, Fatou Ndiaye Sow, Nouvelles Editions Africaines,
    Dakar, Senegal 1990.
Life for Each, Daisy Zamora, Katabasis, London, 1994.
Sur/South Poem(a)s, Editorial Aconagua, Madrid, 1997.
Woman of the River, Claribel Alegría, University of Pittsburgh Press,
    USA, 1989.

6. LIBRES Y A FLOTE EN EL BÓSFORO

Esber Yagmurdereli.

Con el caso de Esber Yagmurdereli, el Centro PEN de San Miguel pudo haber conseguido el récord de pasar largo tiempo trabajando con esfuerzo para liberar a un escritor de la cárcel...y finalmente lograrlo. Trabajamos por Esber casi 20 años antes de que saliera de la prisión.

Esber es un turco, dramaturgo y abogado de derechos civiles. Ha sido ciego desde que tenía 10 años de edad. Supimos de él en 1980 por otro prisionero en la misma cárcel, quien nos escribió. "Por qué ustedes me ayudan cuando hay alguien abajo en el pasillo quien es más destacado como persona y tiene un caso de violación de sus derechos humanos aun más indignante."

Investigamos y adoptamos a Esber como un miembro de nuestro centro.

No sospechábamos en ese momento que íbamos a trabajar en su caso desde entonces hasta el 17 de enero de 2001, cuando, sin previo aviso, Esber Yagmurdereli fue liberado de la prisión. Nunca vamos a saber por qué o qué parte había jugado nuestro centro del PEN en su liberación. En nuestro trabajo casi nunca sabemos; pero ¡Esber fue un hombre libre¡ El y su familia me invitaron a ir a Turquía para conocerlo. Nuestro encuentro es el tema del siguiente texto.

Este encuentro también fue el comienzo de una amistad larga entre Esber, su familia y yo. El verano pasado, en junio de 2015, pasé dos semanas con ellos visitando el pueblo en el este de Turquía donde, tiempos atrás, el abuelo de Esber fue un gobernador muy querido.

El 17 de enero de 2001, el dramaturgo y abogado de derechos civiles turco Esber Yagmurdereli salió libre de la prisión. El PEN de San Miguel recibió las noticias con júbilo, dado que Esber es un miembro que desde hace muchos años adoptó el centro del PEN local.

De los últimos 23 años, Yagmurdereli ha vivido encarcelado más de 20 por cargos inventados que incluyen robo a mano armada, sedición y amenazas a la unidad del estado turco.

Esber es ciego desde los diez años, así que el cargo de robo a mano armada apenas se puede mencionar con seriedad. Sin embargo, no hay duda que Esber es una espina clavada para las autoridades turcas, por ser una persona con gran credibilidad, casi siempre en desacuerdo con ellas.

En Turquía encarcelan a los disidentes, y regularmente hay más escritores en la cárcel que en cualquier otro país. Las ideas de la Ilustración nunca penetraron en esta región para dar sustento filosófico a su sistema de leyes, como lo sucedió en muchos otros países. Turquía no es un país malo, pero sí cuestionable en cuanto a la libertad de expresión, lo que ha sido una calamidad para Esber. Las autoridades lo han liberado dos veces, pero nuevamente lo han encarcelado por algo que él ha dicho o escrito.

En una ocasión, el asunto fue algo que Esber expresó en una reunión sobre los derechos humanos convocada por la Organización Turca de Derechos Humanos. Leí una traducción del documento de la prosecución y podría haber sido un documento de la defensa. Le "acusaron" de haber dicho que en Turquía existe una minoría grande de kurdos oprimida, que se habían levantado en armas para luchar por sus derechos.

Esto se puede leer en cualquier revista seria no-turca. La prosecución no alegó que Esber apoyara a los kurdos ni que estuviera de acuerdo con ellos, pero no se puede hablar de nada de eso dentro de Turquía. Sería más prudente botar completamente la palabra "kurdo" del vocabulario.

He sostenido correspondencia con Esber durante casi 15 años, a partir de que un poeta en la misma prisión me escribió sobre el caso de su compañero. Mi memoria en este caso especial me ha hecho una experta dentro de la comunidad de derechos humanos. Creo que siempre quise conocerlo.

Hace tres años el PEN de San Miguel mandó a Soledad Santiago a una conferencia en Estambul sobre la Libertad de Expresión, organizada por el prisionero-frecuente Sanar Yurdatapan. Coincidió con uno de los periodos breves de libertad de Esber, y Soledad pudo cenar con él. Sentí cierta envidia.

En el año 2000, el PEN de San Miguel con la ayuda de la oficina central del PEN en Londres, empezó a coordinar una campaña grande para liberar a Esber. Elaboramos un plan de dos años, el cual íbamos a extender en caso de necesidad. Esber había estado encarcelado más de dos décadas y ya era hora de poner fin a esta tontería, ¿de qué más hubieran querido acusarlo las autoridades? Tenía 55 años, es un hombre famoso y querido por la gente. Nadie que esté bien de la cabeza puede pensar que es un criminal. Empezamos a comunicarnos con todos los centros del PEN que trabajaban por él en todo el mundo para que todos visitáramos a nuestros embajadores durante la misma semana, y así aumentar la presión.

El noviembre pasado fui a una conferencia sobre la Libertad de Expresión en Estambul, organizada por Sanar Yurdatapan. Pedí ir yo entre los delegados que iban a visitar a los prisioneros, entre éstos Esber Yagmurdereli, entonces encarcelado en Cankiri, cerca de Ankara. Salimos de Estambul a las 4 de la mañana para volar a Ankara, y estuvimos en la oficina del fiscal de la prisión en Ankara tomando té, cuando nos enteramos de que nos habían negado el permiso para visitar a los prisioneros: Leyla Zana y otros tres delegados kurdos encarcelados en Ankara, y también Esber Yagmurdereli.

Aunque me habían prevenido de que esto podría suceder, me sentí desolada. Al salir de la prisión, me deshice en lágrimas. Tomé un micrófono y conté mi historia a la muchedumbre de representantes de los medios que nos esperaban fuera de la prisión. Conté todo a todo el mundo, no hubo manera de frenarme.

En noviembre del año 2000 hubo una intervención espectacular a favor de Esber. El Presidente de la República Checa, Vaclav Havel, miembro del PEN y antiguo prisionero, fue a Estambul e hizo un señalamiento al Primer Ministro sobre la situación de Esber – nombrándolo en un discurso público.

Sin embargo, a fines de noviembre se anunció una amnistía en términos que no cubrieron el caso de Esber. Permaneció encarcelado.

En diciembre el ejército entró en algunas cárceles donde los prisioneros estaban en huelga de hambre, entre ellas, la de Cankiri. Hubo días de angustia; constantemente intentábamos saber si Esber había sobrevivido.

¡El 17 de enero, Esber regresó a su casa libre! ¿Por qué? Nunca vamos a saber. La razón oficial fue que como la amnistía no cubrió su caso, sus abogados apelaron para que incluyera también a Esber. Su apelación fue aceptada, aunque esto no explica nada.

Al día siguiente recibí un mensaje por email de Ugur, hijo de Esber, diciendo que él y su padre estaban sentados en la computadora y Esber me mandaba saludos. Dijeron que yo podía ir para conocerlo cuando quisiera; solamente tuve que decirles cuándo llegaba mi avión.

Escribí diciéndoles que iría en cuanto terminara la serie de conferencias invernales del PEN de San Miguel. Compré un boleto para el 8 de marzo. Ugur confirmó los detalles y me dijo que quería asegurarse de que "no habría equivocaciones" conmigo.

Izq. a der: Ugur Yagmurdereli,
Pat Hirscl, Lucina Kathmann, Esber Yagmurdereli,
Elizabeth Starcevic y Tarik Gunersel
en Istiklal Caddesi en Estanmbul.

Pasaron seis semanas entre que Esber salió de la cárcel
y mi llegada a Estambul. Temía que las autoridades turcas,
argumentando cualquier cosa, lo reencarcelaran, aunque sé que
raras veces actúan tan rápido.

¡No había equivocaciones! De ninguna manera. Pasé un fin
de semana en Estambul con Esber, su familia y amigos, y fue más
maravilloso de lo que pude haber imaginado. Constantemente
me llevaban a uno u otro lugar bello o histórico, restorán famoso
etc., conociendo a muchas personas interesantes relacionadas
con las artes. La ciudad es elegante y la vida cultural muy rica.

¿Qué me pareció Esber? Yo no andaba del todo mal. En mi trabajo con el PEN, he tenido mucha práctica juntando información a distancia. Le hablé por teléfono en 1991; ya conocía su voz profunda, su inglés británico, con un vocabulario muy amplio, pero a veces mal pronunciado, lo que indica que aprendió las palabras a través de la lectura. (Esto pasa con muchos que hablan inglés como lengua maternal también.) Por las fotos que varias personas me habían mandado, sabía también que se ve mejor cada año – aunque no lo puedo explicar dadas sus condiciones de vida. Sabía, por un personaje que representa en uno de sus cuentos cortos, que él tiene un aire de autoridad; también sabía que es muy terco, porque una vez rechazó un indulto, diciendo que no había hecho nada mal.

Creo que lo que más me sorprendió y me complació es que lleva la música dentro del alma. Una vez estuvimos en un club nocturno donde había un grupo que tocaba y cantaba música clásica turca. Al enterarse que Esber estaba en el club, los músicos lo llamaron para que cantara un rato con ellos. Pero aún cuando no practica con su *oud* (un instrumento de cuerdas) en casa, ni canta en un foro, sí tararea. Es muy agradable y nadie me lo había dicho nunca.

Por dondequiera que anduvimos el fin de semana, el Bósforo, estrecho famoso que divide la Europa de la Asia, siempre estuvo cerca. Esber siempre preguntaba si yo tenía la silla más cercana del agua, o si yo había llegado al mejor punto del mirador. Aunque no lo puede ver, entiende muy bien lo que tiene Estambul que puede capturar el corazón y la imaginación de cualquiera.

El domingo estuvimos en el mero Bósforo. Un grupo de los amigos de Esber rentó un pequeño barco de un pescador y navegamos por las costas, del lado de Anatolia (o el lado asiático) al lado europeo, contemplando los castillos que los sultanes construyeron y los pueblitos típicos al borde del agua que sirven para atracar a los trasbordadores. Ahora todos están dentro de los límites de la ciudad de Estambul, ciudad enorme con una población de 12 millones.

Barcos de todas clases, de los más sencillos botes de remos a los más grandes buques de carga, navegaron, traquetearon o remaron alrededor de nosotros. Los buques a veces nos mojaron con sus estelas. Esber se recostó, tarareando. Dijo: "Lucina, pronto compraré un yate y navegaré a Grecia." Sí, creo que el Bósforo puede tener este efecto sobre uno.

Para mí, Turquía es agua. El recurso natural que la hace tan importante económicamente en el Cercano Oriente, la belleza natural más impresionante, lo que le hace tan maravillosa – es agua. La arquitectura magnífica de los sultanes es un marco ornamentado que encierra las aguas del Bósforo; las siete colinas de la ciudad de Estambul es otro marco, más exterior, para estas aguas.

Me gusta mucho el desierto mexicano. Me gusta el aire alto y enrarecido, la manera asombrosa en que la luz lo penetra, y cómo la altitud siempre me hace sentir muy bien. Me gustan las plantas desérticas tan decididas. No obstante, ahora tal vez vaya a soñar con agua.

La familia de Esber – su hijo Ugur y su hermana Sumru – viven en Kadiköy, en el lado de Anatolia de Estambul. La ventana grande de su sala da al Bósforo. Entre su edificio y el agua hay un malecón largo donde caminan con Chuckle, la perra de Ugur. (Chuckle probablemente no se deletrea de esta manera, y su nombre quiere decir algo como guijarro en turco, pero escogieron el nombre sabiendo el afín inglés, que quiere decir "risita".) Todos caminamos por el borde del Bósforo una tarde, Chuckle saludando a sus muchos amigos caninos. Una vida muy agradable.

Lo que me hace volver al tema mayor, la amenaza que se oculta y corroe todas las experiencias acogedoras, todos los sentimientos seductores de bienestar: ¿Cuánto tiempo durarán? Claro que es muy rico flotar en el Bósforo con Esber cantando a mi lado, pero a la vez me duele, porque tengo miedo por él. ¿Qué le irá a pasar ahora?

Le pregunté si cree que vaya a ser el blanco de las autoridades nuevamente y me contestó: "Me da absolutamente igual. "

Sí, le da igual porque él no va a callarse y va a aguantar todo lo que le toque, pero este es el único sentido en el cual es "igual".

Me gustaría ver que le fueran devueltos sus derechos civiles. Un pasaporte, por ejemplo. La oportunidad para ir a los Congresos del PEN para hablar con la gente que ha trabajado en su liberación. La oportunidad de encontrar a más gente que quieren traducir y montar su obra. Más presión internacional podría protegerlo también. Sacarlo de la prisión, es solamente una etapa. Como hemos visto en el pasado, no es bastante. Solamente sirve un rato. Ahora tenemos que trabajar para que *se quede* afuera.

Todos nosotros.

7. EL ESTADO DE SITIO SOCIAL: ESCRITORAS AFRICANAS

"Tráeme textos africanos para la antología."

Cuando estuve viajando a una conferencia de escritoras en Senegal en 2000, Martha Cerda, entonces presidenta del Comité de escritoras del PEN International, me acordó de esto. Estaba reuniendo textos para el primer volumen de una antología trilingüe de las obras de escritoras de todo el mundo.

Traje a casa cinco textos en francés. Al teclearlos para la editora, me di cuenta de qué tesoros había encontrado. Me había topado con un material de gran riqueza del cual pocos sabían, porque los textos fueron escritos en francés y por mujeres africanas, (estos son tres strikes en su contra sin más), y muchas personas no los conocerían a menos que yo los tradujera y escribiera sobre ellos.

En 2002 fui invitada a colaborar en un seminario sobre escritoras, auspiciado por la UNESCO, en el Congreso del PEN en Macedonia. ¡Qué mejor lugar para presentar este material..sobre todo porque algunas de las escritoras iban a asistir!

Estos escritos son sobre los problemas de las mujeres. El sabor particular es africano, pero no se dejen engañar. Todos los continentes son similares cuando se trata de los problemas de las mujeres.

A veces alguien me pregunta si las escritoras tenemos una sensibilidad femenina especial. No sé la respuesta a esta pregunta, pero las escritoras estamos en circunstancias especiales. Por mi trabajo en el PEN Internacional, sé algo sobre las condiciones de las escritoras en todo el mundo, y todas o casi todas ellas trabajan en "estado de sitio" social. Los esfuerzos para hacer frente al estado de sitio que conocemos tan íntimamente muchas veces dan a nuestra obra un sentido de franqueza tan vívido que los críticos y comentaristas lo interpretan como obra confesional o autobiográfica.

He escogido tres textos de escritoras africanas, para ilustrar algunas interesantes manifestaciones africanas del estado de sitio contra la mujer en Africa. Sin embargo, el estado de sitio es global, no se limita a esa u otra área en particular.

El primer texto viene de Gabon, y lo traduje del francés. Es de una novela de Justine Minsta llamada *La historia de Awu*.

En esta historia, que tiene lugar en la tribu de los Fang, el personaje principal es Awu, una costurera, que acaba de perder a su querido esposo en un accidente. Ha tenido que aislarse durante el periodo de luto acostumbrado, lo que le ha impedido poder proteger sus pertenencias. Además, a ella misma se la considera un bien mueble, una "cosa", como ella misma lo expresa. Ha sido heredada por el hermano de su esposo como una parte de los bienes de su propiedad.

Cuando tuvo el derecho otra vez de atender sus asuntos cotidianos, y entró en la recámara conyugal después del accidente, Awu vio que estaba casi vacía. Se habían llevado todo, aun su propia ropa. Los trastes y el equipo para cocinar tampoco estaban. No quedaba casi nada de la vajilla que habían sacado para la recepción después del funeral. Su hermana, que había llegado el día del entierro, contó como vio la desaparición progresiva de los trastes antes, durante y después de la comida. Los familiares y amigos del pueblo y los que vinieron de otras partes buscaron algo para llevarse consigo. Varias ollas que faltaban habían desaparecido, con su contenido completo, antes de ser servidos.

La habitación de Awu había sido totalmente saqueada. Pero de todos modos, ¿qué le importaba que no le hubiera quedado nada? ¿No fue ella misma una cosa? ¿Una pertenencia? Para comprobarlo, después de la ceremonia, el Consejo de la familia dio todo el resto de la ropa de Obame Afane, salvo su ropa interior, a sus tíos maternos, su fusil a su hijo mayor, sus libros y su casa a sus niños, y ella, Awu, fue legada a Nguema Afane, el bígamo desempleado, que vivía de sus hijos.

Tuvo la impresión de que había cosido su vida en un punto de cadeneta sin hacer nudo al final. Y, como para hacerle una broma, alguien había jalado el hilo.

Dos días después del Consejo de la familia, Nguema Afane entró a la recámara de Awu sin tocar la puerta. Ella estaba sentada al borde de la cama. Sin decir nada, Nguema Afane fue a la silla grande y la acercó ruidosamente para ponerse cara a cara con Awu. En ese momento ella dejó su ensueño y levantó rápido la cabeza, encontrando con asombro que Nguema Afane estaba delante de ella. Y como siempre, no estaba sobrio – andaba por todo el pueblo afirmando que la virilidad de un hombre se mide por cuánto puede beber sin emborracharse.

"Aka" Awu gritó, sorprendida.

"Soy yo, nada más" dijo Nguema Afane, sentándose en la silla de Obame Afane, con una sonrisa.

"Te portas como tus niños, desde ayer han entrado en mi recámara cuando se les antoja. Los gemelos no lo pueden aceptar. Si yo no hubiese estado, les habrían dado una paliza a tus niños *intrusos."*

"*¿Intrusos? ¿Mis niños? ¿Dijiste intrusos?"*

"*Sí, en mi recámara, tu hijo es un intruso."*

"*¿Tu recámara? ¿Tienes una recámara aquí? Parece que no
has entendido que de hoy en adelante yo soy el jefe. Tú eres una
cosa, y las cosas no tienen pertenencias. Y es más, tú eres mi
cosa."*

Al principio, Awu, que tiene reputación como una persona
pacífica y misericordiosa, intenta proponer una alternativa:

"*Mantengamos nuestra distancia para mantener una cierta
armonía. Te lo exijo."*

"*¿Y la costumbre, la tradición?"*

"*La costumbre, es la gente, y la gente no se enterará del
arreglo porque es un secreto."*

"*¿Y tú, qué piensas que soy, Awu? ¿No me vas a despreciar?
Un hombre que pasa por bellas cosas sin intentar tocarlas no es
hombre."*

"*¿Yo? ¿Una bella cosa? ¿Yo, la esposa de tu hermano mayor?
¿Y desde cuándo dejé de ser Mamá Awu?"*

"*Desde cuando la tradición lo decidió. Eres una bella cosa,
Awu."*

En este momento, Awu la pacífica encuentra su voz y se
vuelve en, como lo expresó Nguema Afane, Awu la Furia, Awu
la Diabla.

"*Escucha, de hoy en adelante, estas dos manos que ves van
a corregir muchas cosas en mi vida, tan seguro como que me*

llamo Awudabiran. Normalmente, tendrías el poder sobre mis necesidades y mis niños, porque somos tus pertenencias, tú eres el hombre y entonces el responsable. Pero no. Despúes de que tu hermano se jubiló, era yo, una cosa, quien se hizo cargo de tu familia, tus esposas y niños. Lo hice por amor a mi esposo. Pero veo que solamente fue él quien te amó a ti. Entonces escucha, voy a comer el hígado de mi padre si estas manos trabajan más para ayudar a tus esposas y tus niños. Es la primera corrección."

"Ah me acuerdo. Heredé una mina de oro de mi hermano."

"Ah, soy una mina de oro."

"Sí, recuerdo tus talentos, tus dedos, tu cuerpo, tu cama. Todo esto es mío. La tradición lo decretó así."

"O Nguema Afane, la carpa ha visto el anzuelo, no va a comer el cebo. La segunda corrección en mi vida: la tradición no va a detener mi mano el día que pongas tu cabeza en mi almohada. Ve para averiguar el color de tu semen. Tienes que verlo rápido, porque para el momento que brote de tu cuerpo, ya te habrás reunido con Obame Afane. Te lo prometo."

El libro tiene un fin alentador, porque Awu sale libre.

El siguiente texto, de un cuento corto de Unoma Azuah, de Nigeria, llamado *La estación para quemar,* no es igual de alentador y desafortunadamente es completamente verídico; es una historia de la propia familia de Unoma, aunque no se trata de ella misma. Todavía ella está confrontando al pariente que es el perpetrador. El tema es la violación.

En este cuento Doshi, que tiene 18 años y está enamorada de un joven que se llama Hembefan, ha sido regalada por su padre a un viejo llamado Tekula para ser su cuarta esposa. Este cuento trata de la propiedad y el valor de las cosechas de cacahuate y camote. El padre de Doshi dice que Hembefan es muy joven para ser un buen esposo. Todavía "come de la olla de su mamá", no tiene ni una esposa. Pero en realidad lo que convenció a su padre es el buen precio de novia que su socio Tekula ha dado por Doshi.

En este punto de la historia Doshi ya ha ido a la casa de Tekula para vivir. En el primer encuentro sexual con Tekula lo resiste:

Aquella noche Tekula entró sin ser percibido. Se acostó al lado de Doshi, ella se despertó con un salto, se levantó de la cama, y fue lo más lejos posible de él. Tekula le sonrió, ella desvió los ojos. El saltó de la cama y le agarró los brazos. Sintió sus palmas como un cepillo viejo contra su piel. Doshi extendió sus manos y rasguñó ciegamente su cara. El lloriqueó. Doshi lo empujó con toda su fuerza. Cayó con un ruido sordo, su cara arrugada con dolor. Se sentó en la cama y limpió la sangre goteando por su cara con el borde de su taparrabo flojo.

Doshi lo miró con ojos muy abiertos. "Lo siento" consiguió decir. Tekula gruñó y salió cojeando de la choza.

Antes del amanecer, su primera esposa entró rabiando en su cuarto y sacó a Doshi de la cama. "Mira, no eres la primera. Tal vez no seas la última, entonces la única virtud que le debes es sumisión. Si no te domaste como un gato montés en la casa de tu padre, te ayudo a hacerlo. Y si empujas más a Tekula, le permitiré hacer contigo lo que le dé la gana!" gritó, y salió rápido, la cola de su bata aleteando detrás de ella.

Doshi estaba acurrucada en un lado de la choza cuando los primeros rayos del sol entraron cautelosamente. Había jugado con la idea de regresar corriendo a su casa, pero sabía que su padre preferiría matarla que permitir su regreso.

En el segundo encuentro, no tuvo oportunidad de resistir:

Estaba media dormida cuando oyó un fuerte ruido. Alguien abrió la puerta a patadas y Tekula invadió su choza con cuatro de sus nietos más grandes. Uno la agarró, otro la desnudó, los otros la arrastraron a la cama. La inmovilizaron, sus piernas abiertas. Tekula manoseó su miembro viril, después lo sacó. Se acostó sobre ella y lo empujó con fuerza para abrirse paso dentro de ella. Ella gritó y sintió como si sus entrañas fueran arrancadas de su cuerpo. Gritó otra vez, pero Tekula empujó aún más profundamente y ella perdió la conciencia.

Cuando volvió en sí, se encontró rodeada por dos mujeres curando su vagina con agua tibia.

"Pobre muchacha, si solamente fueras obediente" una de ellas le dijo.

"Después de esto no te va a lastimar tanto la próxima vez" dijo la otra.

Cuando terminaron, le ayudaron a volver a su cama.

Se acostó y lloró, y sintió que hubiera estado mejor sin un padre que no la quería. Un padre que la vio solamente como una parte de su riqueza de camote. ¿Por qué esperar hasta que tal padre la desconozca por desobediencia de sus órdenes egoístas?

Después de estos pensamientos, Doshi planeó su fuga.

***

La violación es una parte muy importante del estado de sitio en contra de la mujer. Ilustra varios puntos: Uno: el estado de sitio bajo el cual vivimos no es nada sutil. Segundo: es violento, y no necesariamente sin armas. Además, la violación es claramente un problema mundial. La editora turca Asiye Güsel Zeybek, cuyo caso figuró recientemente en dos comités del PEN Internacional, fue violada en detención por ocho policías. Aun después de una investigación, los violadores salieron libres mientras Asiye permaneció prisionera durante años, castigada por denunciarlos. La escritora argentina Alicia Partnoy es otra mujer que fue violada en la cárcel y escribió sobre la experiencia.

Muchas y tal vez la mayoría de las mujeres han sido víctimas de violación en una ocasión u otra. Una vez yo misma fui víctima de este crimen, y dudo mucho que sea la única en este salón. Recientemente, cuando tuve una conversación con mis hijos sobre este tema, me sorprendió ver entre las víctimas de violaciones, casi todas las mujeres que conocemos.

A veces aun nosotras las mujeres olvidamos cuán omnipresente es este problema, y sospechamos que somos nada más que una banda de quejumbrosas. Tal vez nos ayude pensar en estos ejemplos: ¿Por qué no salimos a la calle de noche, como si nada? ¿Cuando salimos de un estacionamiento y oímos pasos atrás de nosotras, por qué nos asustamos? ¿Por qué nos calmamos inmediatamente cuando sabemos que los pasos son de otra mujer?

El estado de sitio es real y es serio. En todo el mundo las mujeres enfrentamos restricciones – o aun más. En los últimos años unas 300 mujeres han sido violadas y matadas en Ciudad Juárez, México. Africa no es el único lugar donde ocurre esto.

El último texto es un poema de Fatou Ndiaye Sow de Senegal. Se trata de un fenómeno que es nuevo para mí. Oí de ello por primera vez cuando visité Senegal en octubre de 2000. Cuando viajábamos alrededor de Dakar, Fatou me enseñó con preocupación grupos de muchachos merodeando los terrenos baldíos. Eran *talibés*, son identificados con la misma palabra que el Taliban en Afganistán. Son muchachos de familias pobres enviados a una edad muy temprana a escuelas coránicas. Estas escuelas en realidad no enseñan casi nada, ni siquiera enseñan buen árabe o buenos estudios coránicos. Producen nada más que una clase inferior, criminales y carne de cañón para las guerras de alguien. Aún más triste, mandan a los muchachos tan lejos de su hogar que nunca pueden regresar.

Este poema habla con la voz de una del grupo de gente más miserable y más privada de todo derecho humano del mundo: las madres de estos muchachos. No tienen nada que decir sobre lo que pasa a sus hijos. Simplemente pierden sus niños para siempre. Termino aquí con la lectura de este poema que he traducido del francés, sobre una mujer cuyo hijo, mandado para hacerse talibé, está a punto de irse. Se llama *Lamento de una madre*.

Un día
en el lejano Fouta
una mañana, una madre dijo:
"Hamady, mi pequeño, te confío a Dios,
que El sea para ti la muralla
que te proteja de las tormentas de la vida
cuando mezcles tu aliento
con el de los cuatro vientos,
que El haga de mis rezos
una corona para tu cabeza
una alfombra de luz extendida bajo tus pasos
Hamady, mi pequeño,
te confío a las cuatro estaciones:

la de las lluvias fuertes
que arrastran mis memorias
en las cenizas de la noche,
la del sol caliente
que hunde mis pies curtidos
en el océano de fuego,
la que deposita el rocío de la mañana
en las riberas del amanecer,
te confío, Hamady,
a la estación de las cosechas
para que el Maestro con sus manos de luz
coloque en tu cabeza una corona tejida de gloria."

Después de este rezo
los vientos fuertes soplaron
y el desierto entre ellos enterró la esperanza
y Hamady, en un pueblo desconocido,
Talibé solitario vestido en su miseria,
arde con el fuego del hambre
con el fuego de la fiebre.

Con el fuego del sol del mediodía
se acuerda de su madre
bella, negra, negra de ébano
en el lejano Fouta.

Pero el desierto entre ellos ha enterrado la esperanza
y la madre, desde su puerta, a la hora en que las sombras de
la noche desaparecen,
echa agua fresca, murmurando

"Hamady, mi pequeño
Qué importa si saliste
Viviremos juntos en el futuro
Para esperarte, Hamady
Tendré la paciencia para contar todos los granos de arena
y en mis brazos cada noche
apagaré todas las mañanas
para vencer la esperanza de vivir fiel a lo cotidiano
y juntos tejeremos el júbilo del reencuentro
Hamady, mi pequeño, te confío a Dios."

Escritora nigeriana Unoma Azuah con
sus hijas adoptadas Ifeoma, Fumnanya y Amaka,
quienes son también sus sobrinas.

8. ¿DE QUIÉN ES ESTA GUERRA?

Este texto fue escrito el 20 de marzo de 2003, cuando Estados Unidos se preparaba para entrar en guerra en Irak.

En San Miguel de Allende donde vivo, no puedo encontrar a nadie que apoye a la guerra actual en Irak. Las comunidades mexicanas y extranjeras protestan una al lado de la otra en el jardín principal y llenan las iglesias para rezar juntas por la paz. Los niños escolares hacen manifestaciones por la paz; los ancianos en sus casas rezan rosarios por la paz. Estamos en el País de la Paz, donde ni siquiera el Presidente se somete ante la presión de los Estados Unidos para hacer la guerra. Este país definitivamente es un buen lugar, y nosotros que nacimos en lugares más belicosos lo apreciamos mucho.

No obstante, al juzgar por el récord de las protestas en todas partes del globo, la gente en todos los países se opone a esta guerra. La gente se cansa de la guerra. Sea que haya sido la guerra en el pasado remoto, por ejemplo, alguna ocupación noble hecha por un grupo asignado, con su propio código de honor etc., con seguridad no lo es hoy. La guerra moderna es una manera de aterrorizar a la población civil, matar a muchos bebés, ancianos y mujeres, ser de mucho provecho para los que venden armas, y no solucionar nada.

También en las naciones actualmente inmersas en la guerra, la gente se opone a ella. De los 30 países identificados como aliados en esta guerra, encontramos, por ejemplo, a España, no obstante que las encuestas indican que el 75% de los españoles se opone a la guerra; y a Italia, donde las encuestas indican que el 80% de la población se opone. Aun en los Estados Unidos, no obstante los medios controlados y una campaña masiva pro-guerra de relaciones públicas, las encuestas indican que solamente un 65% de la población favorece la guerra, una cifra muy baja para apoyar la moral del ejército.

Entonces parece que ésta es una guerra hecha por gobiernos en contra de la voluntad del pueblo.

¿Qué clase de gobiernos son éstos? Siempre he pensado que la mayoría de estos gobiernos pretenden ser democracias. "Democracia", como todos aprendemos, viene de dos palabras griegas que significan "el pueblo" y "reinar". Pues, el pueblo no reina. En estas naciones en lucha abierta, los gobiernos se han alzado en el poder. Estamos viendo un colapso de la democracia.

Algunas de las peores violaciones del proceso democrático vienen de la administración de Bush, y la guerra es solamente el ejemplo más visible de lo que está haciendo en general. Recientemente fui a las Naciones Unidas en Nueva York para las reuniones de la Comisión sobre la Condición Jurídica y Social de la Mujer, una comisión muy tranquila y pacífica. Los Estados Unidos actualmente es uno de los 45 miembros con voto de esta comisión. (Los países sirven en turnos.) Como representante oficial a esta comisión, el Presidente Bush mandó a la dra. Janet Crouse, de Concerned Women of America. El propósito establecido de esta organización es "Para llevar principios bíblicos a todos los niveles de la política pública." Se opone a la Convención de la ONU sobre la eliminación de todas formas de discriminación contra la mujer, que ha sido firmada por casi todas las naciones menos los Estados Unidos.

Por supuesto, nominaciones como éstas debilitan el apoyo de los Estados Unidos a la ONU, y también debilitan a la ONU misma. Por ejemplo, este año la gente que redacta las recomendaciones de la Comisión sobre la condición de la mujer intentó evitar hablar de derechos reproductivos para las mujeres porque en este caso la delegación estadounidense vetaría el texto.

El hecho de nombrar a una mujer antifeminista ultraderechista para representar a las mujeres estadounidenses en la Comisión sobre la Condición de la Mujer es típico de las políticas en general de la administración de Bush. Esta administración nombra a fanáticos cristianos de la derecha extrema en todos los lugares donde puede. Otro ejemplo es el doctor W. David Hager, recién nombrado a la FDA Reproductive Health Drugs Advisory Committee, que recomienda que las mujeres recen para aminorar el SPM (Síndrome premenstrual), y que ha escrito extensamente contra los derechos de las mujeres, pero no obstante, fue puesto a cargo de este grupo clave de salud femenina.

Nunca he entendido por qué estos grupos cristianos de la derecha extrema apoyan la guerra. El papa no apoya la guerra, la gente cristiana ordinaria no apoya la guerra, pero los cristianos ultraderechistas, como Bush, siempre parecen apoyarla.

El Presidente Bush fue elegido por un detalle técnico, sin recibir la mayoría del voto popular. Su mandato fue inestable desde el principio. Desde entonces ha hecho de su presidencia una dictadura incontrolada que ahora presiona, chantajea e inspira a otros gobiernos incontrolados para unirse a él para hacer la guerra por dondequiera. La guerra que se hace ahora no es una guerra de la gente estadounidense, no es una guerra de los iraquíes ni de ninguna otra gente tampoco. Es una guerra

9. La Mujer que sabe Latín

Realmente puse el dedo en la llaga con este ensayo sobre escritoras y suicidio. Ha sido vuelto a publicar muchas veces, incluso tan lejos como en Australia. Ahora, muchos años más tarde, escritoras y muchas otras mujeres siguen acercándose a mí para hablar de suicidio, depresión y el nivel muy hondo en el cual son víctimas de sí mismas.

El organizador de una conferencia nueva de escritores me "descubrió" cuando presenté mi primer volumen de ensayos en la capital de nuestro estado. Me pidió algo sobre las escritoras para la conferencia magistral del evento, que se realizará en febrero del 2004 en la bella ciudad de Salvatierra.

La autocensura había sido mencionada por años como un problema entre las escritoras en todas las conferencias de escritoras a donde había acudido, pero nunca fue explorada más allá. Decidí abordarla.

Las escritoras en México, como las escritoras en todo el mundo, y tal vez mejor dicho, como todos los escritores en todo el mundo, trabajan contra un fondo de muchas amenazas, potenciales y actuales, contra su libertad de expresión. En el pasado he escrito sobre las escritoras que han sido víctimas de la censura en el sentido común de la palabra, escritoras como Sor Juana Inés de la Cruz, a la que, en el año 1690, Manuel

Fernández de Santa Cruz, obispo de Puebla, México, ordenó que dejara de publicar; escritoras como Myrna Mack Chang y Alaíde Foppa, una asesinada a puñaladas y la otra desaparecida, en Guatemala, silenciadas por su defensa de las comunidades indígenas; escritoras como María Elena Cruz Varela y Martha Beatriz Roque, ambas encarceladas en Cuba por sus escritos que critican al gobierno, y una multitud de otras escritoras, incluyendo a Rigoberta Menchú y Claribel Alegría, que tuvieron que exiliarse, sobre todo durante el periodo de las dictaduras latinoamericanas en los años 70 y 80. No faltan ejemplos de escritoras, entre ellas algunas de las mejores, que han sufrido todas estas formas de censura.

En los últimos años el Comité de Escritoras del PEN Internacional organizó dos conferencias en Guadalajara sobre el tema de "Censura y Autocensura". En las dos, oí el mismo comentario, "Sí, los gobiernos y grupos paramilitares hacen cosas horribles a las escritoras, pero estos peligros parecen remotos comparados con lo que hacemos a nosotras mismas. El problema contra el cual luchamos todos los días, es la autocensura."

Entonces he empezado a estudiar otro grupo de escritoras, las para quienes las fuentes de censura son sus propios corazones. Este grupo incluye a muchas escritoras destacadas que se han suicidado, tales como las latinoamericanas: Alfonsina Storni, Delmira Agostini, Concha Urquiza, Violeta Parra, Julia de Burgos, Rosario Castellanos y Alejandra Pizarnik. (También hay muchas norteamericanas y europeas, tales como: Carolyn Heilbrun, Sylvia Plath, Sara Teasdale, Marina Tsvetayeva, Edith Sodergran, Anne Sexton y Virginia Woolf.)

No me importan los detalles forenses. He incluido en esta lista a escritoras cuyas muertes posiblemente no se deben al suicidio. Casi todas murieron solas, pocas dejaron notas de suicidio explícitas. Sin embargo, el cuerpo de sus escritos confirma su identificación con el dolor insoportable y su obsesión con la idea del suicidio. Voy a citar especialmente la obra de Rosario Castellanos.

El suicidio es una violación extraña de la libertad de expresión, porque perpetrador y víctima son la misma persona. Pero estoy acostumbrada a vueltas peculiares en las investigaciones que enfocan a las escritoras. En los años 80, en las primeras reuniones que condujeron a la creación del Comité de Escritoras del PEN Internacional, todas nosotras nos dimos cuenta de que los patrones de la censura que las escritoras reportaron eran diferentes de los de los escritores. Las escritoras se quejaron contra sus gobiernos, pero se quejaron con más frecuencia contra los miembros de sus propias familias. Una escritora, ahora bastante famosa, dijo que sus esposo quemó su primera novela. Un grupo de Nepal dijo que no podían escribir nada sobre el sexo por temor de que sus suegras las calificaran de esposas infieles o indecentes.

Con las mujeres sobre quienes hablo hoy, creo que solamente doy un paso más, hasta las almas de las escritoras mismas. Aunque hay todavía esposos difíciles, no cometen la censura directamente, ya que su incomprensión, junto con el efecto de los miles de años de la opresión de la mujer, han sido asimilados por ella. Ella se vuelve su propia enemiga.

Uno de los temas que reaparecen en la poesía de estas mujeres es el dolor, el dolor intolerable. Una canción obsesionante de la chilena Violeta Parra termina igual como su vida:

Maldigo luna y paisaje
los valles y los desiertos
maldigo muerto por muerto

y el vivo de rey a paje
el ave con su plumaje
yo la maldigo a porfía,
las aulas, las sacristías
porque me aflije un dolor,
maldigo el vocablo amor
con toda su porquería
cuánto será mi dolor.

[Maldigo del alto cielo]

En *Lamentación de Dido*, la escritora mexicana Rosario Castellanos se identifica con el personaje de Dido, reina de Cartago, que se suicidó después del abandono de Eneas. Para Castellanos, la figura de Dido es el dolor mismo.

Ah sería preferible morir. Pero yo sé que para mí no hay muerte
Porque el dolor– ¿ y qué otra cosa soy más que dolor? – me ha hecho eterna.

¿Qué es este dolor? Aparece en cientos de poemas de estas mujeres. Frecuentemente aparece como el dolor del rechazo o abandono por un amante:

Dido mi nombre...
Dido, la abandonada, la que puso su corazón bajo el hachazo
de un adiós tremendo.

Pero no está siempre ligado a un evento específico. En *El otro*, Castellanos sugiere que puede ser que ella simplemente tenga una vocación al dolor, como los del tipo de personalidad que Dostoievski calificó como "almas adoloridas".

Si nos duele la vida, si cada día llega
desgarrando la entraña, si cada noche cae
convulsa, asesinada
Si nos duele el dolor en alguien, en un hombre
al que no conocemos...

No es solamente una vocación al sufrimiento. Las emociones de Castellanos también brotan en la hostilidad gratuita, y la víctima es ella misma.

Yo soy una señora: tratamiento
arduo de conseguir, en mi caso, y más útil
para alternar con los demás que un título
extendido a mi nombre en cualquier academia...

Soy más o menos fea. Eso depende mucho
de la mano que aplica el maquillaje...

En general, rehuyo los espejos.
Me dirían lo de siempre: que me visto muy mal
y que hago el ridículo
cuando pretendo coquetear con alguien...

Vivo enfrente del Bosque. Pero casi
nunca vuelvo los ojos para mirarlo...
Sufro más bien por hábito, por herencia, por no
diferenciarme más de mis congéneres
que por causas concretas.

[Autorretrato]

Este poema me hace sentir muy incómoda. ¿Cómo puedo protestar por un poema? Expresa una emoción, ¿puedo protestar contra una emoción? Pero sí protesto, aunque parezca absurdo. Protesto contra la emoción misógina que lo inspira, que el poema expresa. Yo apoyo otra actitud, opuesta, expresada por la misma escritora en un libro de ensayos feministas en el cual critica – y parece rechazar – todas las actitudes de la sociedad que ella emplea en este poema para excoriarse a sí misma.

El título de aquel libro, *Mujer que sabe latín*, viene del dicho popular "Mujer que sabe latín no tiene marido ni tiene buen fin", una reflexión de la atmósfera poco placentera en la cual todas las escritoras del mundo hemos crecido.

"La mujer, según definición de los clásicos, es un varón mutilado." Así comienza uno de los ensayos de *Mujer que sabe latín*, que protesta contra nuestra sociedad porque mantiene a las mujeres ignorantes e infantiles en el nombre de la pureza; que critica las depredaciones de la moda: la práctica de atrofiar los pies, los corsés y todas las cosas horribles que las mujeres hemos hecho para hacernos agradables a los hombres. Este es el mismo tema que inspiró a la poeta argentina Alfonsina Storni, escritora que también se suicidó, en el poema que es un crescendo repetitivo de indignación, y que empieza:

> *Tú me quieres alba,*
> *me quieres de espumas,*
> *me quieres de nácar.*
> *Que sea azucena*
> *sobre todas, casta*

de perfume tenue...

Tú me quieres nívea
tú me quieres blanca,
tú me quieres alba.

[*Tú me quieres blanca*]

Además de los ensayos sobre la situación de la mujer, *Mujer que sabe latín* también contiene ensayos sobre la educación de la mujer en México y sobre muchas escritoras importantes. Es un clásico para los estudios de la mujer. Es muy difícil creer que la mujer que lo escribió es la misma que encontramos en su poesía.

Pero la "otra" Castellanos definitivamente está, mujer que se cree fea, inútil, que no sabe ni siquiera si existe, que frecuentemente parece experimentar su creatividad como una serie de llagas autoinfligidas. En *Entrevista de prensa* escribe:

¿Por qué escribe?...
Porque alguien
(cuando yo era pequeña)
dijo que gente como yo, no existe.
Porque su cuerpo no proyecta sombra...
porque su nombre es de los que se olvidan...

Escribo porque yo, un día, adolescente,
me incliné ante un espejo y no había nadie.
¿Se da cuenta? El vacío. Y junto a mí los otros
chorreaban importancia.

La escritora norteamericana Erica Jong podría estar

comentando sobre Rosario Castellanos cuando escribe:

El mejor esclavo
que no se necesita ser azotado
ella se azota a sí misma.

No con un látigo de piel
o con barras o leña..

con su propia lengua
y el sutil golpe
de su mente
contra su mente.

¿Quién puede odiarle tan bien
como ella se odia a sí misma?...

Si ella es una artista
y se acerca a ser genio
la gran realidad de su don
le causará tal pena
que ella deseará quitarse la vida
antes que cualquiera de nosotras.

                              [Alcestes en el circuito poético]

En la vida de Rosario Castellanos, el lado oscuro ganó la lucha entre ella y su propio ser. Cumpliendo la profesía, cuando Castellanos se casó por fin a la edad de 33 años, se casó con un hombre que se jactaba de nunca leer su obra. Por supuesto, este matrimonio no duró, sin embargo ella encontró su fin inaguantable. Se desesperó y murió electrocutada cuando una lámpara cayó, o ella la jaló al agua de la tina.

El tema explícito del suicidio se ve frecuentemente en su obra. Dice: *Matamos lo que amamos,* dos veces en el poema *Destino,* y en *Privilegio del suicida* dice:

> *El que se mata mata al que lo amaba...*
> *alcanza la inocencia del agua...*
> *se reconcilia con el universo.*

En *Recordatorio* parece quejarse ante unas autoridades anónimas por estar viva todavía. Habiendo producido un hijo vivo y así cumplido con su papel en el ciclo reproductor, ahora se cree inútil:

> *Señores, ¿no olvidasteis*
> *Dictar la orden de que me retire?*

Antes de empezar esta investigación no tenía idea de la extensión y calidad de la obra de Castellanos. Había leído *Balún Canán* y *Oficio de Tinieblas*, sus magníficas novelas sobre Chiapas. Creo que había hecho, sin querer, exactamente lo que "se debe", es decir, había entendido a Castellanos solamente de la manera que una variedad de fuentes oficiales indican.

Pero alguien me dijo que se había suicidado, y no pude encontrar nada de esto en las fuentes oficiales, tanto en enciclopedias como sitios web. Por fin sospeché que había esfuerzos para evitar esta cuestión. Tampoco encontramos ahí mucha representación de su poesía extremadamente oscura, ni de su personalidad difícil y compleja – aunque su obra poética la demuestra claramente. Los artículos sobre ella de varios escritores, casi siempre varones, enfocaron el tema relativamente "seguro" de su defensa de la gente indígena de Chiapas. También elogiaron su poesía por sus "calidades líricas". Nunca mencionaron el dolor. Cuando citaron poemas fueron los comparativamente tibios.

La obra de Castellanos y los comentarios de las escritoras contaron una historia muy diferente. La escritora mexicana Martha Cerda me escribió, "Yo creo que se suicidó, aunque ya tenía tiempo de sentirse muerta."

Creo que hay diversas razones para la discrepancia. Una es la enseñanza de la iglesia católica de que el suicidio es pecado. La gente puede pensar que se debe proteger a Castellanos de ser clasificada como pecadora. Otra razón puede ser la incomodidad de nuestra sociedad con la expresión de "cosas de mujer" en cualquier ámbito público. Los sufrimientos de Rosario Castellanos contenían un elemento de género importante, eran los sufrimientos de una mujer, en muchos casos precisamente por su condición de ser mujer.

Empecé a darme cuenta: lo que la gente dice y cree sobre la mujer, puede adentrarse en sus almas hasta tal grado que no hay esfuerzo intelectual que pueda sacarlo. Tal vez no todas son propensas, pero algunas sí, incluso algunas de las más brillantes. Pueden morir de esto; las palabras pueden matar.

Gracias a: Martha Cerda, por buenos consejos, y por mandarme libros muy difíciles de conseguir, también a Nicholas Patricca, Sareda Milosz, Víctor Sahuatoba, Robert Colucci, Elizabeth Starcevic y Pat Hirschl.

Bibliografía:
Castellanos, Rosario, *Album de familia*, Joaquín Mortíz, México, 1971

Balún-Canán, Fondo de Cultura Económica, México, 1957

Bella dama sin piedad, (antología de poesía) Fondo de Cultura
Económica, México, 1984.

El mar y sus pescaditos, Editores Mexicanos Unidos, México, 1982
Castellanos.

Poesía no eres tú, (antología de poesía), Fondo de Cultura Económica,
México, 1972

Los convidados de agosto, Biblioteca Era, México, 1964

Mujer que sabe latín, Editorial SEP Diana, México, 1979.

Oficio de Tinieblas, Joaquín Mortíz, México, 1962.

Schwartz, Perla, *El quebranto del silencio*, Editorial Diana, México,
1989.

Rosario Castellanos, Mujer que supo latín, Editorial Katún, México, 1984.

Encyclopedia Hispánica

Varios sitios del internet, especialmente el de Columbia University,
Nueva York.

10. LOS DETALLES DEL AMOR

Los detalles de mi vida como madre e hija han sido espectaculares, así que, cuando en 2004 Carmen Boustani me pidió un texto sobre madres e hijas para la Revue des Lettres et Traduction de la Universidad del Santo Espíritu en Kesrouen, Líbano, conté mi propia historia. Este puede ser mi texto más popular, sobre todo la para lectura en vivo.

Como muchas escritoras, soy madre de hijas, pero a diferencia de la mayoría, recibí a todas mis hijas al mismo tiempo. Una noche horrible hace 15 años, mi mejor amiga, que ya era viuda, murió de parto, inesperadamente, y heredé a sus cinco hijas y un hijo, incluso a la niña recién nacida, a quien ella dio a luz cuando murió. Aquella noche comencé a criarlos, junto con mis dos hijos. Todo empezó alrededor de la medianoche cuando Charlie mi esposo entró en la recámara con la recién nacida y dijo, "¿Te sobra leche? Esta bebé no se ve muy bien."

Yo estaba amamantando a mi bebé de siete meses, y todavía me sobraba leche. Llevé a la bebita a mi pecho. Ella chupó agradecida mientras Charlie me habló de las preparaciones del cuerpo de mi amiga para el velorio. La bebé estaba envuelta en un suéter talla 10, que una de sus hermanas se había quitado y dado a Charlie en el taxi, durante el regreso a casa.

"¿Qué le pasó a la ropa de la bebé?" le pregunté.

"Creí que tú la tenías" me dijo.

La tenía, pero no lo sabía. Estaba en una bolsa en mi coche. Debí haberla puesto ahí cuando traje a algunos de los niños desde el hospital a la casa dos o tres horas atrás.

Charlie me dijo que en el hospital le habían arrojado a la bebé desnuda en su regazo y le dijeron, "Ella no murió."

En México, a veces la gente abandona a los niños en el hospital si la madre no puede criarlos. Charlie era norteamericano; probablemente el personal del hospital pensó que él tenía el dinero para criarla.

Esa noche decidimos criar a todos los niños. Nunca pudimos acordarnos de cómo tomamos la decisión; casi todo lo que pasó en ese entonces se ahogó en lágrimas. No sé si fue mi decisión o la de Charlie o verdaderamente una decisión mutua. A la mañana siguiente, era un hecho. Yo, que había llegado a los 43 años sin tener a ningún hijo, ahora, tres años y medio después, era la madre de ocho. Siete años más tarde, Charlie murió de cáncer y me convertí en el padre y la madre de todos.

El trabajo verdadero de criar a los niños empezó cuando comenzamos a reconocer cuán poco preparados estábamos para enfrentar aquello de lo que nos habíamos hecho cargo. Ni Charlie ni yo nacimos en México. Los dos habíamos aprendido español de adultos y ninguno de los dos sabíamos nada del sistema educativo en México, en el cual, de repente teníamos a cuatro hijas y un hijo. Me esperaba una rutina de reuniones de padres de familia en las cuales apenas podía entender las palabras. La mayoría de los asuntos importantes de la escuela se discutían en términos que, aunque no los encontrara en mi diccionario, eran muy urgentes. La presión se multiplicaba por el número de vidas que dependían de mí. Simplemente tuve que entender de inmediato.

No tenía sentido buscar la ayuda de Charlie. Su español era mejor, pero fue mucho menos capaz de interpretar las motivaciones de la gente. Además, había tantas reuniones en tantas escuelas al mismo tiempo, que generalmente él estaba en una reunión y yo en otra. La abuela de los niños era aún menos capaz de ayudarme, porque ella nunca había asistido a la escuela.

Los primeros años fueron los más difíciles. Mi peor recuerdo es el de la noche en que me senté en el piso de mi recámara frente a una pila de 70 cuadernos, 48 libros de texto, un rollo de plástico y cinta transparente. Las instrucciones fueron forrar todo en plástico para el primer día de clases, que era al día siguiente.

La primera vez que intenté forrar un libro, medí el plástico y luché para cubrirlo. Después de unos minutos concluí que no había manera de que el plástico lo cubriera, debí haber calculado mal. Intenté de nuevo. Las siguientes dos veces, después de lograr cubrir todo el libro y poner cinta en todos los lados, el plástico se arrugó mucho. La cuarta vez el plástico no se arrugó pero el libro no se cerró. A la quinta vez conseguí cubrir bien el libro. Ya eran las 9 de la noche, y esto era solamente el primer artículo.

Traté de zafarme de la labor. Corrí a preguntar a mi amiga María si en verdad era realmente necesario. Me contestó "Mi hermana Fran es maestra, ella dice que los libros y cuadernos forrados de plástico duran mucho más. Todos los maestros piensan así."

Volví a mi trabajo. Lloré de vez en cuando, pero mis lágrimas impidieron mi eficiencia aún más, entonces me detuve. A la una de la mañana tal vez tenía 25 artículos forrados.

Cuando sentí la tentación de renunciar, me acordé de episodios, como cuando una niñita regresó a casa y reportó. "Estela estuvo llorando. No tenía el cuaderno correcto. Su madre no lo consiguió porque ayer fue al dentista."

¿Y a mis hijas, les tocaría la misma suerte que a Estela? ¿Sufrirían porque su nueva mamá no les había dado prioridad? Juré: ¡No, moriría primero! Entonces seguía trabajando.

Cuando el sol se levantó, todavía me quedaban unos siete cuadernos para forrar. Charlie regresó de otra ciudad y rápido les hizo el desayuno a los niños. Terminé el último forro al mismo momento que mi última hija lo agarró y salió de la casa. Entonces sí lloré mucho.

Hubieron episodios muy parecidos a éste. Una mañana pronto después del sufrimiento con los forros, Lorena anunció, quince minutos antes de la hora de salir a la escuela, que le tocaba llevar una cebolla picada. No aguanté, sollocé y no me detuve hasta que Charlie encontró a una anciana vecina, calle abajo, que le dio una cebolla.

En otra ocasión, una de las niñas dijo que necesitaba una biografía de algún héroe. Empecé a agarrar libros de los estantes y me preparé para una investigación mayor. Mi amiga María tuvo que intervenir y decirme que no era lo indicado. Tuve que ir a una papelería, donde venden estas cosas por unos centavos. Pronto supe que en ciertas temporadas, todos los maestros piden biografías el mismo día, y se agotan en las papelerías. Con cuatro niñas y un niño en la escuela, hasta cinco niños podrían ser incumplidos, lo que sería un problema muy grande. Aprendí cuáles papelerías tenían los mejores surtidos y cómo recuperarme de las malas noticias sobre biografías sin perder tiempo. Generé una ruta regular de papelerías y empecé a correr más rápido que las otras mamás pero eso fue más tarde, cuando ya empezaba a cobrar confianza.

Me acuerdo de muchos otros episodios, episodios en los cuales alguna niña querida llegó diciendo que necesitaba alguna chuchería para la escuela mañana. Siempre fui al diccionario. Nunca se encontré "la chuchería". ¿Qué eran estas palabras? Ahora las sé todas. Tal vez algunas vienen de la lengua otomí y son regionalismos. Tal vez otras son corrupciones de otras palabras, no sé. Estos asuntos no son secretos, pero tampoco hay un lugar donde uno puede informarse sobre ellos. Solamente hay que saber cuántos son dos más dos – ¡ya!

Retrospectivamente parece tonto. ¿Cómo puede ser que una cebolla picada, algunos forros de plástico, una biografía de un héroe militar...fueron tan importantes? Sobre todo ahora, cuando las niñas a las que me refiero ya son mujeres y madres de sus propios niños de edad escolar.

Tal vez otra mujer pudiera haberles dicho a las niñas que las quería pero no les forraba los libros. Para mí, eso fue imposible. Tenía a hijas e iba a criarlas. Cualquier cosa que las niñitas necesitaban, la iban a tener y yo la iba a conseguir. Nunca me rajaría, ni un día, ni una hora. Mis hijas no estarían como Estela, llorando porque nadie tomó en serio sus cebollas picadas o sus forros de plástico. Cada cosa sería importante, porque estos artículos eran los detalles del amor.

Muchos años más tarde, veo algunos defectos en mi método. Mi hija menor, Maru, no está satisfecha con los forros de plástico que ahora hago de manera tan experta. Me dice que es importante que le diga que la quiero.

Recientemente pregunté a mi segunda hija, Lorena, sobre estos sucesos, y no se acordó de ninguno. No sabía que yo había llorado sobre estas cosas, ni tampoco sabía que algo me fue difícil o desalentador. Parece que no les dije a las niñas lo que había hecho por ellas. Tal vez me sentí avergonzada de que todo me fue tan difícil.

Sin embargo, todas coinciden en que recibieron lo que necesitaron sin fallar. Por supuesto.

Familia de mujeres buldogs

"Por supuesto" se refiere a mi madre, Ethel Cermak Tompkins, quien murió en 2015 a la edad de 101 años, médica jubilada, pionera, modelo para varias generaciones de mujeres ambiciosas. Hasta su muerte, la gente constantemente intentaba reclutarla para sus proyectos por la gran probabilidad de que ella llevaría a cabo lo que se proponía. Era tan obstinada como un buldog. Dijo de si misma que una de sus actividades favoritas fue manejar por una tormenta de nieve -- aunque puede ser que no hubiera reto que no le vigorizara. Al parecer, nunca se le ocurrió la idea de que pudiera fallar.

Una primavera llegó a la casa de mi hermana Rachel y preguntó por qué la piscina todavía no estaba abierta. La piscina grande todavía estaba cubierta con una enorme lona, hundiéndose bajo la carga de un metro de agua estancada y hojas podridas, la acumulación de un invierno. Serpientes se habían establecido en la suciedad. Mi cuñado dijo que estaba esperando la llegada de un segundo hombre fuerte para ayudar a enrollar la lona. Su vecino le había prometido ir. Mi madre pareció satisfecha con la explicación.

Al siguiente día a las 6 de la mañana, mi madre fue descubierta sumergida hasta la cintura en el agua helada de la piscina, enrollando la lona.

En esa época tenía alrededor de 85 años.

Mi madre tiene cuatro hijas, incluyéndome a mí, que son otros buldogs. Estas hijas en su turno han producido a más buldogs. El año pasado, cuando las autoridades de la escuela de mi hija Maru querían quejarse conmigo sobre su conducta, de repente tuve la impresión de que pudiera estar escuchando las quejas en contra de una de mis sobrinas. Dijeron que no se rendía con gracia, que ofrecía muchas opiniones muy francas, que era muy insistente, que hablaba demasiado y con demasiada energía, que nunca entendía por qué no era correcto lo que hacía etc. Somos todas muy parecidas en este aspecto.

Mi hijo Nico dice que yo era famosa en su colegio como el azote del vice-director y de varios otros funcionarios crónicamente impuntuales. Dijo que una vez oyó por casualidad a un oficial aterrorizado que dijo "Ahí viene esa madre que va a dar lata y más lata hasta conseguir lo que busca." (Esta es una versión censurada de lo que dijo, que en realidad fue indecente.)

Rezos y sueños

Releí algunos poemas sobre madres e hijas. Están llenos de referencias a los sueños. Gioconda Belli, que dejó a sus hijas para ir a luchar en la revolución nicaragüense, quería sobre todo dar sueños a sus hijas. En *Posibilidad de los sueños* escribe:

> *Mis hijas,*
> *que conocieron la separación,*
> *la obligada orfandad,*
> *la callada guerrilla*
> *de compartir madre con niños desconocidos,*
> *apenas entendiendo,*

apenas perdonando el abandono;
ahora,
algún día,
comprenderán
y creerán en lo posible de los sueños.

La poeta salvadoreña Claribel Alegría en el poema *Mater Potens*, habla de su hija, quien está a punto de dar a luz:

sacudí las alfombras
recordé a la hija
a punto de ser madre
descifré algunos sueños
escuché a las hojas
muriéndose de frío
y me senté a jugar
un solitario
tú pusiste esa jota
bajo la reina negra
como en álbum abierto
repasé tus recuerdos....
mis ojos de anaconda
sobre la que está a punto
de iniciarse
queriendo cautivarla
hipnotizarla
enrollarla a lo largo
de todos los anillos

Por mucho que amo estos poemas sobre las esperanzas y

sueños que tenemos, la una para la otra, como madres e hijas, son solamente un momento pequeño en nuestra realidad cotidiana. Nuestros efectos, una hacia la otra, exceden en mucho todas nuestras oraciones y sueños, para el bien y el mal. Aunque ahora debería dejar de ser sorpresa, todavía estoy sorprendida por lo cuánto qué mis hijas han aprendido de mí. Ellas no necesariamente aprendieron con lo que soñé que aprendieran. Me asombré de ver que una hija abandonó su excelente cocina mexicana para servir una ensalada de atún en una fiesta de cumpleaños de un niño, porque yo lo había hecho para simplificar la limpieza. También varias de ellas escogen colores de ropa que yo escogería, otro punto sobre el cual no pretendo ser experta. Estoy segura que mi madre siente igual sobre algunos de los modales que he aprendido de ella.

El poema famoso de Anne Sexton, *Housewife* (Ama de casa) dice:

> *Una mujer es su propia madre*
> *Esta es la cuestión más importante.*

La ventaja es que incluye el bien y el mal, el consciente y el inconsciente, pero tampoco es todo. Una cosa que sextonno trata es los efectos de las madres sobre sus hijos varones. Cada año voy a la Comisión de las Naciones Unidas sobre la condición social y jurídica de la mujer, donde frecuentemente citan a algún estudio de la ONU, que indica que los factores más importantes en la educación de los niños son el nivel de educación y la actitud de la madre. No solamente son tan importantes como los del padre, sino más importantes. Son importantes tanto para las niñas como para los niños. Tal vez Anne Sexton lo minimizó;

tal vez somos todos nuestras madres, y ésta es la cuestión más importante.

Gracias a: Martha Neira, Martha Cerda, Elizabeth Starcevic, Rachel Tompkins, Cartney James, Pat Hirschl, Ethel Tompkins, Sareda Milosz, Maru Beltrán (+), Maru Beltrán, Lorena Zúñiga, María Morales Luna, Nicholas Kuschinski, Nick Patricca, Charles Kuschinski (+), Leonor Gutiérrez Cervantes.

Bibliografía:

Alegría, Claribel, "Mater Potens," *Woman of the River*, University of Pittsburgh Press, 1989, p.19.

Belli, Gioconda, "Posibilidad de los sueños," *Ixok Amar Go*, ed. Zoe Anglesey, Granite Press, Penobscot, Maine 1987, p. 385..

Sexton, Anne, "Housewife," *No More Masks*, ed. Florence Howe and Ellen Bass, Anchor/Doubleday, Garden City, New York, 1973. p. 188.

11. Fatou Ndiaye Sow

En octubre del 2004 mi amiga Fatou murió. Murió trabajando, tanto como vivió. Estuvo en Nueva York en una conferencia de escritoras africanas.

Fatou fue mujer, africana y escribió en francés, tres condiciones desventajosas para cualquier escritor. Todavía me siento honrada cada vez me toca asegurar que no nos olvidamos de esta mujer, poeta y activista espectacular.

Lucina y Fatou en Keur Birago, el centro de escritores en Dakar.

A finales de los años ochenta, cuando el Comité de escritoras del PEN Internacional era nada más una idea, Fatou Ndiaye Sow, del PEN de Senegal, ya era parte de él. La suya fue una presencia llamativa: una pequeña señora de aspecto exótico, con *boubou* de algodón senegalés y tocado que combinaba, el *boubou* siempre cayendo de un hombro color de chocolate, reportando sobre Africa francófona en cada reunión de escritoras, o tomando apuntes en la Asamblea General. Frecuentemente se le veía buscando en su bolsa enorme.

No tenía idea de cuánto yo llegaría a quererla. Mi francés era limitado, no parecía posible. Pero ocurrió.

Fatou llevaba muchas cosas importantes en su bolsa. Llevaba las noticias, algunas espantosas, de escritores en otros países en África del oeste. Llevaba sus propios volúmenes de poesía. Defensora de niños desde siempre, llevaba muchos folletos, historietas y libros infantiles (algunos bilingües francés/wolof) que trataban sobre los derechos de los niños. Llevaba pequeños regalos.

Fatou era una musulmana devota. Viajaba con su tapete para rezar y rezaba todos los días, pero rompió todos los estereotipos sobre la mujer musulmana. Aunque nunca tomaba alcohol, le gustaron mucho las fiestas de coktel. Andaba en ellas con un vaso de jugo de naranja en la mano. Frecuentemente viajaba sola, aun a países donde no hablaba la lengua. Aceptaba cualquier hospedaje, aunque estuviera a mucha distancia del centro de conferencias, y tuviera muchas oportunidades para extraviarse, incluso sin hablar la lengua común para poder preguntar. No recuerdo una sola vez en que ella se quejara.

El nombre de Fatou es una forma adjetival de Fátima, una hija de Mahoma. Le pregunté a qué cualidades se refería, y me contestó, "Oh, sumisión y tales cosas." Le pregunté si el nombre la describía. Me dijo que no, y que su marido le había comentado que no era muy sumisa, que nunca decía que estaba de acuerdo con una cosa a menos que estuviera realmente de acuerdo.

No obstante, fue fabulosa para la diplomacia. Navegaba entre egos muy erizados como nadie más. Tenía un don para encontrar el camino positivo. No creo que a Fatou le costara trabajo. No era que tratara de evitar confrontaciones; más bien, de inmediato, como por arte de magia, Fatou encontraba el lugar que le convenía y empezaba a trabajar. Decía que tenía muchas ventajas, porque en Senegal contaba con apoyo hacia su trabajo de gente de todos los niveles, desde su familia hasta el presidente del país.

Conforme que mejoraban los medios electrónicos, Fatou y yo empezamos a comunicarnos mucho. Yo fui a clases de francés y mejoré mis mensajes para ella, asegurándome de que le estaba diciendo lo mismo que le hubiera contado a una amiga en inglés o español. Compartimos cuartos de hotel en los Congresos.

En el 2000, Fatou me invitó a Senegal para una conferencia literaria. Mientras estuve, Fatou trató de enseñarme la verdad sobre Senegal, no solamente la visión rosa. Siguió enseñándome a los niños jugando en terrenos baldíos, "Son *talibés*", dijo "Es muy triste. *Talibés*. Hay que poner fin a este sistema."

Tuve que preguntar mucho porque era nuevo para mí. En muchos lugares de África, sobre todo entre los pobres del campo, es una práctica de alejar a los niños pequeños de sus madres para mandarlos muy lejos de sus casas a *madrassahs*, escuelas musulmanas especiales, para estudiar el Corán. Son llamados *talibé*s, la misma palabra que el Talibán en Afganistán. Estos muchachos en realidad no aprenden el Corán, les enseñan sólo a recitar versos del Corán en una lengua que no entienden. Además, son arrancados de la vida familiar tan lejos que raras veces logran volver. Muchas veces terminan como carne de cañón en las guerras o se vuelven parte de un inframundo criminal.

Uno de los mejores poemas de Fatou, poderoso, de hecho casi inaguantable, "El lamento de una madre" ("La complainte d'une mère" se encuentra en este libro en pp. 51-53), habla en la voz de uno de los seres humanos más desdichado del mundo, una madre cuyo pequeño hijo está a punto de ser separado de ella para hacerse *talibé*. Por supuesto, nadie hace caso a la opinión de esa madre. En el Congreso del PEN en el 2003 en

Ohrid, Macedonia, Fatou y yo leímos juntas ese poema en una catedral al lado del lago. Ella leyó la versión en francés y yo lo leí la versión en inglés.

Fue la última vez que la vi. En octubre del siguiente año, Fatou murió misteriosamente mientras estaba en una conferencia de escritoras africanas en Nueva York. Yo estaba aturdida. Me puse a escribir un texto para su funeral. Tuve que apurarme, el funeral iba a tener lugar en Dakar muy pronto, pero estaba llorando tantas lágrimas que temía que iba a causar un corto circuito en mi computadora. Solamente entonces me di cuenta de cuánto la amaba.

12. Mujer y espacio, el mapa irregular

El tema para la Revue de Littérature et Traduction en Líbano, 2005, fue "Mujer y espacio". Al principio no pude encontrarle sentido. Pensando y leyendo un poco más me di cuenta de que este tema, aunque muchas veces ocultamente, está en el corazón del empoderamiento de la mujer. ¿Dónde nos toca estar? ¿A dónde podemos ir? ¿Debemos quedarnos en casa? ¿Hay límites invisibles, techos de vidrio? ¿Hemos creado algunos de estos límites nosotras mismas?

Creo que este ensayo, que muestra mi preparación formal en filosofía, es uno de los mejores.

Ha habido un cambio permanente en la comprensión del mito de la objetividad del espacio. Tiempo atrás la gente pensaba que el espacio era algo objetivo que observamos pasivamente de una manera limitada. Era real; nosotros, seres imperfectos, intentábamos saber sus secretos. Sin embargo, desde los tiempos de Immanuel Kant hemos estado conscientes de que ambos, el tiempo y el espacio, son categorías que sirven de base para la percepción humana. Puede ser que el espacio exista en sí mismo, pueda ser "noumena", según las categorías de Kant, esto no lo sabemos. Lo que sí sabemos es que es un requisito para "fenómena", es decir, para el contenido de la percepción humana.

"El espacio no es un concepto empírico derivado de las experiencias externas. Es una representación necesaria a priori que sirve de base para todas las apariencias externas." (Kant p.68)
"El tiempo y el espacio, tomados juntos, son las formas puras de las intuiciones de los sentidos." (Kant p. 80)

Un ejemplo visual: La gente ve en términos espaciales o no ven. En el caso de dos objetos, uno debe ser visto como más alto que el otro, o a la derecha o a la izquierda. De otra manera no los podemos distinguir.

Además de la idea del tiempo y el espacio como las formas de la percepción humana, a través del trabajo de los psicólogos Gestalt y otros investigadores, hemos llegado a entender que toda percepción humana es esencialmente encarnada, es decir, percibida por el cuerpo. El espacio de Euclid ("objetivo") es una abstracción; no se puede percibir desde todos los puntos (o ninguno) a la vez, siempre hay que tener una perspectiva específica. Aun el aparato para medir tiene su propia ubicación, que se debe tomar en cuenta. Además, según la física cuántica, el mero acto de medir en sí mismo hace cambios en el fenómeno. Lo que sabemos, lo sabemos por medio de nuestra experiencia corporal como quiénes somos, en dónde estamos. Un espacio objetivo nos parece lógico, pero nuestros conceptos de orientación, "por allá" "por aquí", "adelante de mí", "debajo de mí", que comparan las cosas con nuestros cuerpos, vienen primero, lógicamente y cronológicamente. Debemos tener una idea del espacio para poder entender un mapa; no puede ser al revés.

Podemos determinar, por ejemplo, que un objeto que tenemos ante nosotros es un cubo con seis lados regulares, pero debemos hacerlo por medio de nuestras posibilidades, y además, con tiempo, es decir, con observaciones sucesivas, por vista o tacto, de los diferentes lados.   Una máquina no puede hacerlo diferente, debe proceder por medio de sus propias capacidades. Nuestras capacidades para observar afectan también nuestras conclusiones. Como dice Merleau-Ponty, el espacio no se refiere solamente a posición, sino a situación. (Merleau-Ponty p. 100)

"El espacio no es el contenedor de nuestro mundo. El espacio no es la escena en la cual las cosas se arreglan, sino el medio que posibilita postular las cosas. Quiere decir que en vez de imaginarlo como un tipo de éter donde todas las cosas flotan, debemos entenderlo como el poder universal que les hace posible estar conectadas." (Merleau-Ponty p. 243)

Además, el espacio es encarnado, es "el espacio de mis posibilidades". Mi espacio no solamente es afectado por mi cuerpo, se relaciona con mis actividades. "Mi cuerpo está en cualquier lugar donde hay algo que hacer." (Merleau-Ponty p. 250)

Así, si queremos investigar el espacio de la mujer, debemos preguntar:¿cuáles son las posibilidades de la mujer y cómo la afectan sus percepciones del espacio? Soy mujer, ¿Cómo se ve mi mapa personal? ¿Es parecido a, o diferente a los mapas de otras mujeres? ¿Hay diferencias importantes? El tema de esta investigación no es algo puramente emotivo, simbólico o costumbrista. Es la realidad, de hecho, la física. Cualquier matemática que calculo, cualquier charco que brinco, cualquier escena que escribo en una novela, cualquier mundo con que sueño, todos estos espacios se derivan de mi mapa personal.

Mi mapa es afectado por muchas cosas. Un factor obvio es mi tamaño físico. En la casa de mi madre, ciertas alacenas me parecen dentro de mi alcance. No parecen así a mi hermana, que es más baja de estatura. Mi experiencia es otro factor. Aunque nuestros mapas no se restringen a nuestra experiencia, son muy influenciados por ella. Por ejemplo, fácilmente podría escribir una novela situada en México; sería muy difícil para mí escribir una novela situada en Líbano, donde nunca he estado.

En todas partes y siempre, las mujeres ocupan y se apropían para sí mismas de menos espacio que los hombres. A veces casi todo el mundo está fuera de límite para ellas. En algunas situaciones las restricciones están aplicadas por medio de la ley y a la fuerza:

> *Las calles de Teherán y otras ciudades en Irán están vigiladas por la milicia, que viajan en patrullas de Toyotas blancas, con cuatro hombres y mujeres armados, a veces seguidos por un minibús. Se llaman la Sangre de Dios. Vigilan las calles para asegurar que las mujeres como Sanaz llevan bien sus velos, no usan maquillaje, no caminan en público con hombres que no sean sus padres, hermanos o esposos.*
>
> *Nuestra clase se formó dentro de este contexto, en un esfuerzo para escapar de la vista del censor unas horas cada semana. Intentamos vivir en los espacios vacíos, en las grietas de aquel cuarto, que se había vuelto nuestro capullo protector, y el mundo del censor, de las brujas y los duendes afuera. (Nafisi p. 25-6)*

En algunos lugares tal fuerza armada no es necesaria para restringir el mapa del espacio de la mujer. Simone de Beauvoir reporta:

Me acuerdo haber visto en un pueblo primitivo en Tunisia, una caverna subterránea en la cual cuatro mujeres se sentaban en cuclillas, una esposa sin dientes tuerta cocinaba masa, y dos esposas un poco más jóvenes arrullaban niños en sus brazos. Sentada ante un telar, otra mujer, una joven, ídolo magníficamente vestido de seda, oro y plata, hacía nudos en hilos de lana. Saliendo de esta caverna tenebrosa, en el corredor pasé al hombre, vestido de blanco, bien arreglado, sonriente. Venía del mercado donde había discutido los asuntos del mundo con otros hombres…Para las ancianas marchitadas, para la esposa joven predestinada al mismo marchitamiento temprano, no había otro universo excepto la caverna humeante desde la cual emergían solamente de noche, silenciosas y tapadas con el velo. (de Beauvoir, pp. 78-9)

Hay espacios aún más restringidos que éste. La costumbre de purdah restringe a todas las mujeres de una familia a un lugar especial en la casa, un traspatio que ellas nunca dejan, ni siquiera de noche, y al cual no se admiten visitas.

Khost es un pueblo sin mujeres, al menos en la superficie. Mientras en Kabul, durante la primera primavera después de la caída del Talibán, las mujeres empezaban a abandonar el burqa y uno podía, de vez en cuando, ver a las mujeres en restaurantes, en Khost las mujeres se ven raras veces, ni siquiera escondidas detrás del burqa. Viven encerradas en sus traspatios, nunca salen para ir de compras o para visitar. La ley de purdah reina, la segregación total de hombres y mujeres. (Seierstad, p. 258)

Las restricciones del espacio de la mujer no es solamente un fenómeno musulmán. Es una práctica de todas las religiones mayores. La poeta americana Judy Grahn escribe sobre una niñez en los Estados Unidos:

> *"Me permitieron ir*
> *A tres lugares, cuando era niña*
> *Tres lugares, nada más*
> *Había una línea recta de mi casa*
> *a la escuela, una línea recta de mi casa*
> *a la iglesia, una línea recta de mi casa*
> *a la tienda de la esquina."*
> *Sus padres pensaron que algo le podía pasar*
> *Pero nunca le pasó nada.*
> *—Judy Grahn, de "A Woman is Talking to Death"*

En México también, el espacio de una joven es restringido. En el pueblo donde vivo, se considera una gran recomendación que una muchacha "se queda en casa y no sale a la calle."

Un artículo, a principios del movimiento para la liberación de la mujer en los Estados Unidos usa un lema alemán apropiado por el partido Nazi, para describir estas restricciones: "kinder, kuche, kirche," es decir, "niños, cocina, iglesia". (Weisstein.)

No todas las mujeres tienen aversión a las restricciones. El poema de Anne Sexton describe a una mujer que se identifica con ellas:

> *Ama de casa*
>
> *Algunas mujeres se casan con casas.*
> *Es otra especie de piel; tiene un corazón,*
> *una boca, un hígado y movimiento de intestinos.*

Las paredes son estables y rosadas.
Mirad cómo se pasa el día hincada de rodillas,
lavándose fielmente.
Los hombres penetran a la fuerza, retrocediendo como Jonás
dentro de sus gordas madres.
Una mujer es su madre.
Eso es lo que importa.
—*Anne Sexton*

Las mujeres que hacen las paces con las restricciones no son únicamente las amas de casa. A cinco cuadras de mi casa hay una orden enclaustrada de monjas concepcionistas. Cincuenta mujeres viven allí. Entraron voluntariamente y no hay reportes de insatisfacción masiva. Un hombre dijo a Azar Nafisi, "*Una mujer entra la casa de su esposo en su traje de novia y la deja en su sudario.*" *(Nafisi, p.83)* En muchas órdenes enclaustradas las monjas no salen jamás, las entierran en ese mismo sitio. También me acuerdo haber leído sobre una mujer que contó a sus amigas, con gran satisfacción, que estuvo a punto de entrar en purdah.

La mayoría de las mujeres sienten las restricciones como molestias. Virginia Woolf se quejó que, cuando andaba reflexionando sobre por qué no se había producido un Shakespeare entre las mujeres, la corrieron del césped:

"El era un bedel, yo una mujer. Este fue el césped, allá estuvo
la vereda. En este lugar solamente se permiten a los Socios y
Sabios, la grava es el lugar para mí." *(Woolf, p.6)*

Y entonces, cuando intentó ir a la biblioteca para examinar un manuscrito:

"Inmediatamente salió...un señor, que lamentó en voz baja mientras me hacía señales con la mano para que retrocediera, que las mujeres sólo se admiten a la biblioteca si vienen acompañadas por un Socio del Colegio o provistas de una carta de introducción." (Woolf, p.8)

Querámoslo o no, estas restricciones tienen efecto sobre el espacio de la mujer, porque limitan nuestras posibilidades. Los mapas de las mujeres son de tamaño reducido, también tienen descontinuidades, como el césped y la biblioteca que Virginia Woolf menciona. Los espacios de los mapas tampoco necesariamente se conectan el uno con el otro. Donde se practica la ley de purdah, por ejemplo, el mapa de la mujer es una colección de pequeños traspatios; en mi imaginación, se ve como el mapa de Micronesia. El mapa también cambia radicalmente con la hora; en la noche puede encogerse dramáticamente.

Las distancias en estos mapas tampoco tienen mucho sentido. A veces las rutas que no son las más directas llegan a ser las más cortas. Por ejemplo, en la vecindad en Chicago donde a veces visito, hay una estación del tren muy peligrosa. Oleadas de hombres desempleados y criminales siempre emanan de la puerta. Alguien que lee un mapa de la ciudad podría recomendar como la vía más rápida una ruta que pasa por esta estación. Las mujeres que caminan allí saben que cualquier otra ruta que evite esta estación efectivamente es más rápida.

Algunos lugares están tan lejos del mundo de la mujer que no se puede mencionarlos, ni siquiera como lugares para evitar. Por ejemplo, no puedo imaginar lo que pasa adentro de esa estación. Aparte de desaparecer de mi mapa, es como si hubiese implotado e ido al centro de la tierra.

De hecho, el mapa del espacio de la mujer—y esto es el espacio de más de la mitad de la población—está lleno de rarezas: irregular, encogido y discontinuo. No hay cartografía, ningún tipo de proyección y ninguna dimensión que pueda representarlo. Es el dolor de cabeza del topógrafo, la pesadilla del topólogo.

Hace tiempo la gente pensó que estudiaba la realidad del espacio, y que pronto iba a saber sus secretos. Ahora hemos descubierto que el espacio depende de los espacios vividos por la gente, y, aunque se descubran nuevas galaxias todos los días, el espacio de las mujeres del mundo sigue prohibiéndoles extender sus territorios.

¿Qué es el espacio? ¿Es el mundo grande o pequeño? Todavía queda para la historia desenvolver la respuesta.

Bibliografía:

De Beauvoir, Simone, *The Second Sex*, (escrito 1949) Bantam edition, Alfred Knopf, New York, 1953.

Grahn, Judy, "A Woman is Talking to Death" en *The Work of a Common Woman*, St. Martin's Press, New York, 1978.

Kant, Immanuel, *Critique of Pure Reason* (escrito 1871), St. Martin's Press, New York, 1929.

Merleau-Ponty, Maurice, *The Phenomenology of Perception*, The Humanities Press, New York, 1962.

Weisstein, Naomi, "*Kinder, Kuche, Kirche as Scientific Law: Psychology Constructs the Female*," en Morgan, Robin ed. *Sisterhood is Powerful*, anthología, Vintage, Random House, New York, 1970.

Nafisi, Asar, *Reading Lolita in Tehran*, Random House, 2004.

Seierstad, Asne, *The Bookseller of Kabul*, Back Bay Books, New York, 2002.

Sexton, Anne, "Housewife", (escrito 1961) en *No More Masks*, anthología, Anchor Books, Garden City, New York, 1973.

Woolf, Virginia, *A Room of One's Own*, Harcourt Brace and Co, London, 1929.

13. DESTINO KURDISTÁN

Lalish, ciudad sagrada de los Yezidi.

En 2005 me llegó una de las mejores oportunidades de mi vida. El Centro PEN de los kurdos me invitó a un viaje en autobús de dos semanas, recorriendo dos partes de Kurdistán: el este de Turquía y el norte de Irak. En esa época los periódicos, llenos de noticias de la guerra en Irak, hicieron que mi familia y amigos se opusieran a que me fuera. Pero los escritores del Centro PEN de los kurdos eran mis amigos desde hace muchos años. Ellos dijeron que el área se encontraba en paz. Entonces fui.

Era la primavera y el agua caía en cascada desde las montañas Zagros para regar los almendros en su ruta al Río

Tigris. ¡No es de extrañar que esta área viera el nacimiento de la civilización humana!

Al abrigo de las montañas Zagros, cercado en todos lados por vecinos represores, Kurdistán es el lugar donde los kurdos, un pueblo anciano del medio oriente, no árabe y que habla un idioma indo-europeo, finalmente han tenido la oportunidad de hacer de su región, nuevamente autónoma, una república modelo. Es un buen lugar para visitar, y tuve la oportunidad de hacerlo. El Centro PEN kurdo, investigando cómo la asociación mundial de escritores, PEN Internacional, podía servir mejor a los escritores kurdos, me invitó a unirme a un contingente de escritores kurdos, en marzo de 2005, para un viaje de una semana en Kurdistán.

Hasta ahora el resto del mundo no ha sabido de Kurdistán. La información existe, pero, como tanta información que nos es disponible, todavía no ha penetrado bien en nuestra consciencia.

Hace trece años, después de una campaña de genocidio en la cual Saddam Hussein gaseó a pueblos kurdos, matando a miles de personas en unos días y forzando a muchos otros a exiliarse, la comunidad internacional lo obligó a ceder tres provincias en Irak del Norte para que los kurdos las administraran por sí mismos. Por primera vez, en un lugar, los kurdos han tenido la paz y la autonomía.

Aunque se llama Kurdistán, Irak del Norte es solamente una fracción pequeña de Kurdistán mayor, la región ancestral de los kurdos. Todo Kurdistán es contiguo, pero las fronteras de cuatro países modernos lo traspasan, cortándolo de manera confusa. Comprende la parte oriental de Turquía, donde vive la mayoría de los 30 millones de kurdos, una tajada de Siria, el norte de Irak y una sección en Irán occidental. En todos estos países, hasta hace

13 años, los kurdos fueron cruelmente marginados y oprimidos. Hay una sola excepción, el Kurdistán Iraquí es el único lugar en el mundo donde las señales ordinarias como "Mantenga su derecha" o "Límite de velocidad" están escritas en kurdo.

En el viaje visitamos a cuatro ciudades, nos reunimos con los escritores y los medios de comunicación en todas partes, impartimos una clase universitaria y visitamos Lalish, la ciudad sagrada de la religión Yezidi. Fue un itinerario ambicioso y bien organizado.

Por ejemplo, me acuerdo de una vez, manejando al borde de un lago bello en las afueras de Duhok, cuando miré a las familias haciendo sus picnics, pensé "Ay, qué bonito", y me di cuenta de que tenía hambre. En ese momento, doblamos una curva y, en un lugar espléndido mirando al lago, vimos una mesa larga con unas 20 sillas--nuestro picnic nos esperaba.

Yo era la única persona en el viaje que no hablaba kurdo, así que se hicieron arreglos especiales para mí. La traducción fue importante para reuniones formales, donde usualmente tomaba la palabra, pero creo que fue aun más importante para tomar parte en las conversaciones en el autobús. No tuvimos a un traductor de inglés con nosotros. Berivan Dosky, coordinadora del Comité de escritores encarcelados del PEN kurdo, que vive en Londres y habla inglés muy bien, sirvió de autoridad en asuntos de traducción, pero los maratones de traducción simultánea, todos los días, todo el día, fueron hechos por el escritor nacido en Siria, Kamal Sido, que se sentaba a mi lado y susurraba en mi oreja hora tras hora, lo que me permitía ir al mismo paso, tanto que casi siempre podía contribuir a la discusión. Gran aficionado del chiste, autodenominado "Traductor Personal por Ordenes de Nuestro Presidente", Kamal se aseguró de que yo estuviera involucrada en todos los chistes y todas las diversiones.

Yo me arriesgué ir en este viaje, no obstante las objeciones de otros miembros de mi centro del PEN y de mi familia, que tenían miedo. Kurdistán se encuentra en un área muy difícil. A unos kilómetros fuera de su frontera, en Mosul, grupos terroristas explotan bombas frecuentemente, al parecer sin ton ni son. Kamal habló con taxistas en la frontera con Turquía, y le dijeron que siempre están con miedo cuando sus clientes les piden que manejen a Mosul. Ningún taxista tiene miedo de manejar en Kurdistán. Hay muchas carreteras nuevas, todavía no indicadas en mapas, que se encuentran completamente dentro de Kurdistán, parte de un boom de construcción de todos tipos, en muchos casos gracias a la ayuda de organizaciones internacionales.

Entramos desde el norte, de la frontera con Turquía. Habíamos asistido a un seminario sobre el multiculturalismo en Diyarbakir, la ciudad más grande de la parte kurda en Turquía. La Unión Europea ha hecho evidente que Turquía no tendrá posibilidad de ser aceptado en su mercado común mientras reprima el uso del idioma kurdo, entonces Turquía ha estado retrocediendo en el asunto poquito a poco. Finalmente, por primera vez este año, la situación ha mejorado suficientemente para que el PEN Internacional pudiera auspiciar una conferencia en Turquía, en la cual unos escritores hablaran en kurdo.

Todavía es ilegal referirse a esta área, dentro de Turquía, como "Kurdistán". Me acuerdo que hace pocos años fue ilegal referirse a los kurdos de ninguna manera. Dijeron que no existían, que no era una etnia aparte, que no hablaban una lengua lingüísticamente inconexa etc. Eran supuestamente "turcos de las montañas". Otras restricciones y acoso todavía son evidentes.

El primer día viajamos por la parte turca de Kurdistán, por Mardin, una ciudad bella, donde vimos un viejo medresseh (escuela musulmana) y un viejo monasterio cristiano todavía en uso. Almorzamos en Kiziltepe, cerca de Mardin. Uno de los escritores que viajaba con nosotros era de este pueblo y un oficial de su pueblo nos había invitado a almorzar. Comimos estilo kurdo. Entramos, nos quitamos los zapatos y nos sentamos en el piso sobre alfombras, alineados contra la pared. Unos muchachos entraron y pusieron telas en el piso en medio del cuarto. Después pusieron enormes fuentes humeantes. Nos adelantamos agachados para servirnos. Tuvimos platos pero pocos cubiertos. Había arroz, cuscus, y ensaladas agrias, pan sin levadura y una bebida espumosa de yogurt que los kurdos llaman dow, pero el ofrecimiento más llamativo fue el animal escasamente desmembrado, una oveja.

Un muchacho llegó y empezó a servir los sesos de la oveja con una cuchara. Me ofreció el globo del ojo. En este momento Zaradachet Hajo, presidente del Centro PEN kurdo, le hizo una señal para que se apartara. No lamenté no haber disfrutado del ojo de la oveja.

Después de la comida, continuamos el viaje hasta la frontera, donde soportamos puesto de control tras puesto de control con soldados turcos amedrentadores, hasta que finalmente estuvimos en el otro lado. La milicia kurda apareció, sonriendo, hablando kurdo abiertamente y ofreciéndonos té. Los medios kurdos llevaron a mí y a Zaradachet hasta la carretera cerca de los puestos de control. Dimos entrevistas. "El PEN Internacional ha llegado a Kurdistán" se anunció en la televisión esa noche.

Una hora más tarde llegamos a Duhok, ciudad moderna y bella con avenidas anchas. Nos llevaron a un buen hotel donde había un internet con teclado inglés, un gran alivio para mí después de haber batallado un par de semanas con el teclado turco.

El teniente gobernador de la provincia vino para saludarnos. Muchos me dijeron con emoción que él es cristiano. Fue mi primera experiencia de ver cuán apasionados son los kurdos por ser una nación para todos los grupos, sobre todo para todos los que Saddam Hussein oprimió.

El teniente gobernador habló sobre la poca información sobre Kurdistán que se conoce en el mundo, dijo que en parte los medios de comunicación kurdos tienen la culpa. Finalmente pueden hablar y escribir en lengua kurda. A lo mejor han descuidado producir la información en las lenguas internacionales, lo que podría ayudar a elevar la imagen del país en el exterior.

Llegando a Duhok, vi una cruz grande en luces neón sobre una iglesia cristiana. El teniente gobernador dijo que hay muchos programas gubernamentales para atender a los cristianos (Asirios, principalmente) y que también quieren atraer a otros para que regresen del exilio. Donde hay al menos siete familias cristianas, el gobierno les construye una iglesia.

Al final de la visita teníamos mucha hambre; nos reunimos en un rincón del hotel donde solamente traían ronda tras ronda de té. Al otro lado del pasillo, en el comedor, las mesas estaban cargadas de cosas deliciosas. Había cerveza, vino o lo que usted quisiera. En Kurdistán, los kurdos no tienen interés en proyectar la imagen abstemia musulmana. Había un cantante, pero también cantaron unos escritores del PEN kurdo, al igual que unos escritores de Duhok que llegaron al hotel para unirse a nosotros. Formamos colas largas y bailamos.

Al siguiente día el autobús serpenteó por las montañas hacia la ciudad santa de Lalish, el sitio de peregrinaje más importante de la religión Yezidi. Antes de la llegada de los musulmanes a Kurdistán (hace muchísimo tiempo), convirtiendo a la fuerza a la mayoría de los kurdos a la religión musulmana, los kurdos eran yezidis, y todavía existe una minoría significante de kurdos que son yezidis. Por cierto, mi traductor Kamal era yezidi.

Pronto empezamos a ver las torres puntiagudas y acanaladas. Acercándonos, pudimos distinguir un complejo cercado, como una ciudad medieval amurallada, con varias de las torres típicas integradas. Cuando el autobús se estacionó, salimos corriendo hacia el enclave sagrado. Nos quitamos los zapatos y entramos en el santuario. Bajando una escalera, llegamos a donde corría un bello manantial. "Esta es el agua sagrada. Favor de beberla." nos dijeron. Era deliciosa.

"Suban aquí y caminen tres veces alrededor de la tumba de Sheik Adi." nos dijeron. Continuamos, pasamos otro manantial subterráneo. Este estaba tapado con una reja. "Aquella es el agua mala," dijo el guía. "Nadie debe beberla, es por eso que la tapamos." Las cavernas eran frescas y había agua por todas partes. "¡Qué bonito hajj kurdo!" comentó la gente. Muchos kurdos (ahora son mayoritariamente musulmanes) dijeron que quisieron regresar a la vieja religión, pero el Yezidismo no acepta a conversos.

El día siguiente estuvimos en el autobús serpenteando casi todo el día por montañas maravillosas, pasando panoramas con vista de casi 360 grados, Al fondo había montañas coronadas de nieve y en el primer plano, ríos y cascadas del Tigris, y almendros brotando sus primeras flores del año. Vimos construida en un peñasco una bella ciudad amurallada que se llama Amedi. Más tarde me enteré que viajamos a la capital por la ruta más larga, pero no pude lamentarlo. Me ha dejado con la impresión de que una de las escenas más bellas de este planeta es Kurdistán en la primavera.

Fue después del anochecer cuando llegamos a la bulliciosa capital de Kurdistán, Arbil. Pero nadie la llama Arbil. El nombre kurdo de esta ciudad es Hawler.

En la capital tuvimos reuniones con ministros que nos informaron sobre programas del gobierno. Ofrecen seis años de educación en la lengua de la gente de cada pueblo, sea kurdo, árabe o turco. También, dependiendo del pueblo, se enseña la materia de religión sobre su religión, sea musulmana, yezidi o cristiana. Aun hay escuelas nómadas, para los nómadas que huyeron a Kurdistán durante la represión de Saddam Hussein. En 2004, los seis años de educación se volvieron obligatorios. Probablemente sea la manera más eficaz para combatir una disparidad entre los géneros que persistía aun después de la autonomía.

También recorrimos los edificios gubernamentales. Me llamó la atención el elegante retrato de Moustafa Barzani, de cuatro metros de altura, que domina la planta baja del edificio del Parlamento. Unos guardias en traje típico patrullan al frente de él, hay una ceremonia del cambio de guardia cada 45 minutos.

Una reunión con escritores fue el último evento antes de que nos desapareciéramos en el autobús para ir a Suleimani. Había un público numeroso, con muchos escritores y periodistas, más todos los amigos que habíamos coleccionado en el camino. En la ruta siempre se nos unió gente y algunos viajaron un trecho con nosotros en el autobús.

Yo no iba a hablar en esta ocasión, pero con el tiempo, comentarista tras comentarista se refirió a mí, a lo que yo, como extranjera, pensaba de Kurdistán. Dije a Kamal que iba a pedir la palabra. Yo era la última que habló y esto es lo que dije, con las pausas para la traducción de Kamal. A propósito espanté un poco a todos.

"Kurdistán es un secreto." (pausa) "Algunos secretos son oscuros, vergonzosos," (Kamal infeliz pero presionado para traducirlo. Pausa terrible.) "¡pero Kurdistán es un secreto maravilloso!" (pausa y aplausos). "La gente todavía no lo sabe, pero pronto voy a revelar ese secreto."

Así nuestra estancia en Arbil/Hawler terminó con muchas personas escribiendo la palabra "secret" en inglés en sus cuadernos, pronunciándola varias veces con satisfacción.

Al llegar a Suleimani, nos topamos con el único contratiempo del viaje. Llegamos a medianoche y el hotel había perdido nuestras reservaciones. No había suficientes cuartos para todos nosotros. Un representante del Ministerio de Cultura llegó al hotel para ayudarnos. Había un festival de música kurda en Suleimani. El pueblo estaba invadido por 20,000 personas extra, la mayoría de ellas familias kurdas que habían llegado del otro lado de la frontera con Irán. Nuestro grupo de 15 escritores se perdió en la confusión. Hizo llamadas y finalmente nos distribuyó entre tres hoteles.

El hotel donde yo finalmente me acomodé era nuevo; lo habían abierto, por órdenes del gobierno, para el festival antes de estar terminado. Sin embargo, no alcanzó a los estándares de Moustefa Rechid, el Vicepresidente del PEN kurdo, quien estuvo a cargo de la logística para este viaje. Había viajado a Kurdistán meses antes para checar los arreglos. ¿Cómo es posible, dijo, que en una construcción nueva hayan instalado un excusado árabe [sin taza]? Cuando no hubo café para el desayuno, estuvo a punto de explotar.

A mí no me importó esto. Había encontrado un café internet al lado del hotel y estuve feliz. A pesar del tema de la toalla.

No había una toalla en mi cuarto. Pregunté y me dijeron que la palabra es "hawlî". Fui a la recepción y dije esta palabra varias veces. Pero seguía sin toalla y la gente seguía preguntándome si me iban a cambiar de cuarto. Finalmente traje a Berivan a la recepción para que me ayudara. Me dijo que estaban convencidos, no obstante lo que dije, de que me quejaba de que mi cuarto era muy pequeño. Le dije que les informara que el tema no fue el tamaño del cuarto sino una toalla, y que seguramente iba a seguir quejándome hasta recibir una.

Esto produjo una racha de actividad misteriosa pero no toalla. Quedé realmente intrigada hasta una hora más tarde, cuando me trajeron, todavía envuelta del mercado, una prístina, espesa, lujosa toalla nueva color crema y blanco. Una toalla de toallas. Todavía río cuando me acuerdo de ella. Los kurdos me mimaron absurdamente, tanto los desconocidos como los conocidos.

En Suleimani participé en dando una clase universitaria. Nos invitaron a interrumpir una clase interesante de poesía para hablar de los derechos humanos, las organizaciones no gubernamentales y el PEN Internacional, a un grupo de jóvenes muy receptivos. Berivan y yo hablamos. Me dio gusto que las jóvenes, que eran al menos la mitad de la clase, al igual que los jóvenes preguntaron enérgicamente. Tal vez se sintieron especialmente animadas al ver a Berivan y a mí en el podio. "Ser activa internacionalmente es mi sueño" me dijo en inglés una muchacha en hijab.

Mientras estuvimos en Suleimani, unos escritores nos pidieron que visitáramos a los escritores en Kerkuk. Como Kerkuk es el único lugar en Kurdistán donde a veces hay violencia, los oficiales gubernamentales que viven en el pueblo ofrecieron garantías para nuestra seguridad. Nos acompañarían en el autobús junto con una guardia armada. Ibamos a visitar solamente la parte kurda de la ciudad, donde la Unión de Escritores había cambiado sus oficinas para más seguridad, y no nos íbamos a quedar más que dos horas.

Muchos de los escritores se asustaron, pero queríamos alcanzar a los escritores en Suleimani. Dimos crédito a la información que los kurdos responsables nos dieron, fuimos, y nunca vimos evidencia de problemas, todo fue exactamente como nos habían asegurado.

En Kerkuk nos enteramos de que los problemas allá, que evidentemente afectan solamente la parte árabe de la ciudad, venían de un desacuerdo sobre las fronteras. Aunque Kerkuk siempre ha sido parte de Kurdistán, no fue parte del área original de que Saddam Hussein cedió a los kurdos. Solamente ha sido incorporado a Kurdistán desde la caída de Saddam Hussein, dos años antes. Nos enseñaron la frontera vieja cuando llegamos, solamente unos metros fuera de la ciudad.

Aunque Kerkuk tiene una población de al menos un millón de personas y la gran mayoría son kurdos, hay 200,000 árabes que viven allí. Hay medios de comunicación árabes responsables, que trabajan para una coexistencia pacífica multiétnica, pero también hay separatistas violentos. La milicia kurda está trabajando, pero dos años no han sido tiempo suficiente para asegurar la frontera nueva.

Saliendo de la ciudad en el camino para Arbil/Hawler, vimos los fuegos que se producen al quemar el gas natural en los campos de petróleo. Estaban muy cerca, tal vez a 150 metros de la carretera. Todos nos acercamos a las ventanas para mirar. Inmediatamente después, atravesamos la frontera del área cedida por Saddam Hussein y regresamos sanos y salvos.

Esa noche la televisión anunció, "El PEN Internacional visitó Kerkuk." La reunión modesta tuvo significado. Un escritor kurdo me dijo, "Gracias por venir a Kerkuk con nosotros. Aunque Diyarbakir puede ser el cerebro de Kurdistán, Kerkuk es su corazón."

Antiguas viviendas de acantilado de
Hasankeyf, Batman, Turquía.

14. AMARTE EN TODA ESTA INCERTIDUMBRE

Las mujeres son mucho más afectadas por su vida sentimental que los hombres. Son evaluadas por sus semejantes y familia en términos de amor y amantes, los medios las describen así también. La situación simplemente no es simétrica y la que usualmente sale restringida es la libertad de la mujer.

El tema de la revista en Líbano en 2006, amor romántico, es un mito difícil de criticar porque es popular con las mismas mujeres a las que daña. En este ensayo lo abordo.

Un nuevo tipo de mujer apareció en América Latina durante los años 70 y 80. En un ambiente de fervor revolucionario para lograr la independencia y la autonomía auténticas, mujeres, religiosos y niños tomaron las armas por única vez en sus vidas. La mujer revolucionaria se adelantó para asumir muchos papeles nuevos. En su forma más pura, era una guerrillera, luchando como compañera igual, junto a sus *compañeros*, como se llamaron los soldados irregulares. En el momento más crítico de la lucha revolucionaria armada en Nicaragua, en 1979, el 30% de las fuerzas armadas sandinistas estaba conformado por mujeres, y los sandinistas lograron una victoria militar.[1]

La mujer revolucionaria era distinta en todo, aun en su manera de amar. Lejos de la versión pesada y domesticada de amor que había heredado de nuestra cultura, el ideal del amor guerrillero fue espontáneo, resistió la institucionalización y habló del filo de nuestras vidas. Atraía no solamente a las combatientes sino también a las simpatizantes de toda América. En las primeras filas o no, éramos revolucionarias y éramos importantes. Las ideas más viejas del amor, más domesticadas, simplemente no llamaron nuestra atención.

Apareció una literatura revolucionaria rica, como por ejemplo este poema por la gran poeta nicaragüense Gioconda Belli, que se llama *La orquídea de acero*:

Amarte en esta guerra que nos va desgastando
y enriqueciendo.
Amarte sin pensar en el minuto que se escurre
y que acerca el adiós al tiempo de los besos.
Amarte en esta guerra que peleamos, amor,
con piernas y con brazos.
Amarte con el miedo colgado a la garganta.
Amarte sin saber el día del adiós o del encuentro.
Amarte porque hoy salió el sol entre nuestros cuerpos
apretados
y tuvimos una sonrisa soñolienta en la mañana.
Amarte porque pude oír tu voz
y ahora espero verte aparecer saliendo de la noche.
Amarte en toda esta incertidumbre,
sintiendo que este amor es un regalo,
una tregua entre tanto dolor y tanta bala,
un momento inserto en la batalla,
para recordar cómo necesita la piel de la caricia
en este quererte, amor,
encerrada en un triángulo de tierra.[2]

Este periodo ya pasó. No he oído hablar de esta idea de amor desde hace años, tampoco he escuchado de un nuevo ideal que provoque la pasión que sentíamos en aquellos días. Las mujeres parecen haber vuelto a leer historias de amor en el autobús, a ver telenovelas, a soñar con la vieja idea de amor y a meterse en relaciones amorosas destructivas e incómodas. Sin embargo, 25 años no es mucho tiempo en la historia de la humanidad. Ya he vivido un periodo inspirador; otro ideal apasionado e igualitario podría aparecer para llamar a nuestros corazones otra vez.

La idea que heredamos

La idea de amor que heredamos en la cultura occidental no es nada igualitaria. Lord Byron, poeta romántico del siglo XIX, declaró: "El amor es para el hombre una cosa aparte: para la mujer es toda su existencia."[3] El amor que según Byron consume toda la existencia de la mujer es el amor de un hombre, pero éste no lo corresponde, porque no sueña con los mismos sueños, al menos al mismo grado.

La Diferencia, un cuento corto de Ellen Glasgow, trata de una esposa cuyo esposo tiene una amante, asunto de mucho menos importancia para él que para la mujer y la amante. Una amiga de la esposa le explica, "Cuando un hombre y una mujer hablan del amor, hablan dos lenguas distintas. No pueden entenderse porque las mujeres aman con su imaginación y los hombres con sus sentidos. Para ti el amor es algo en sí, un tipo de poder abstracto como una religión; para Herbert es nada más cómo se siente."[4]

Simone de Beauvoir dice, "La palabra amor no tiene de ninguna manera el mismo sentido para ambos sexos; y ésta es una causa de los malentendidos serios que los dividen."[5] Cita a Niestzsche en *La ciencia jovial:*

"La palabra amor de hecho significa dos cosas para el hombre y la mujer. Lo que la mujer entiende de amor es bastante claro: es no solamente la devoción, es el regalo total de cuerpo y alma sin reservación, sin hacerse caso de nada. La naturaleza incondicional de su amor es lo que le hace una fe."

"La pasión de la mujer: una renuncia total de todos sus derechos. La mujer le da su propio ser, el hombre agrega a su valor al recibirla."[6]

¿Por qué es eso? ¿Cómo puede ser que muchas mujeres hacen del amor a los hombres virtualmente una religión, mientras muchos hombres, aun cuando a ellos les pueda resultar conveniente este arreglo, básicamente no les hacen mucho caso, o tal vez peor? ¿Es algo inherente en la naturaleza de la mujer?

De Beauvoir cree que no. "Aquí no se trata de las leyes de la naturaleza. Es la diferencia en sus situaciones que se refleja en la diferencia que los hombres y las mujeres muestran en sus ideas del amor…Destinada al hombre desde la niñez, acostumbrada a ver en él un ser soberbio al cual nunca puede igualar, la mujer… soñará con trascenderse hacia uno de estos seres soberanos, así amalgamarse con el sujeto soberano." [7]

De Beauvoir ofrece una sugerencia de otra idea de amor. "El amor genuino debe ser fundado en el reconocimiento mutuo de dos libertades; los amantes entonces se sentirían como sí mismo y el otro a la vez. Ninguno renunciaría la trascendencia, ninguno quedaría mutilado. Juntos manifestarían sus valores y metas en el mundo."[8] Pero no desarrolla bien esta idea. Enfoca más la descripción, con una claridad espantosa, del punto de vista de la mujer que cree que sólo el amor puede ser su justificación. "[La mujer] escoge desear su esclavitud tan ardientemente que le parecería la expresión de su libertad. Lo que quiere la mujer es servir."[9]

Esta deprimente imagen de la vida de la mujer encontró muy pocos desafíos durante mucho tiempo. En 1970 la escritora feminista Germaine Greer escribió, "Es difícil pensar en una relación hombre-mujer en la cual el elemento del auto-sacrificio de la mujer esté ausente."[10] Cita a Engels: "La familia individual moderna se funda en la esclavitud abierta u oculta de la mujer...Entre la familia él es el burgués y la mujer representa el proletariado."[11]

¡Pero no hay manera de evitar el amor! Aunque Greer admite que el amor romántico es una idea relativamente reciente en la historia, dice que ahora se considera esencial. "El matrimonio sin amor es odioso en nuestra cultura, y una vida sin amor, impensable. La mujer que permanece soltera debe haber dejado pasar su oportunidad, perdido su muchacho en la guerra, o vaciló y fue perdida. En la imaginación común las monjas son mujeres decepcionadas del amor y las mujeres profesionistas tratan de compensar así su falta por no encontrar la felicidad más honda disponible a la humanidad en este valle de lágrimas." Para describir lo que Shulamith Firestone llama "La caza del hombre", Greer cita de tales fuentes tales como un libro llamado "Cómo manejar a los hombres."[12]

Pero para el 1970 la corriente ya estaba cambiando. Aunque se decía muchas veces que el vivir para el amor fue integral a la naturaleza y los deseos de la mujer, les pareció a algunas que las mujeres eran prisioneras de este mito, que habían estado robadas, engatusadas, defraudadas, y chantajeadas para creerlo. Muchas llegaron a pensar que sus propios patrones de conducta les estaban haciendo un daño y trabajaban en contra de sus metas. Se dieron cuenta de que los hombres justificaban sus actos hablando del amor con menos frecuencia y que casi nadie lo mencionaba salvo que de lo que se estuviera hablando fuera injustificable de otras maneras. Ya había llegado la hora para una protesta. En la portada de mi copia de *The Dialectic of Sex* de Firestone, dice "El capítulo 6 *[Amor]* podría cambiar tu vida."

La crítica de Firestone

El ataque de Firestone contra el amor creó un choque. En la universidad donde enseñaba, oí comentarios como, "¿Se oponen al amor? ¡Qué monstruos! ¿Y ahora qué harán esas liberacionistas?"

Firestone, sin dejarse impresionar, contestó "El pánico que se siente frente a cualquier amenaza al amor es un buen indicio de su significado político." Mantuvo que la preocupación por el amor romántico de parte de la mujer es una respuesta, mayoritariamente inconsciente, al sentir su desigualdad social frente al hombre. "No es el proceso del amor mismo que tiene la culpa, sino su contenido desigual en cuanto al poder."

Según Firestone, las mujeres representan la clase inferior sexual en nuestra sociedad. El amor entre mujeres y hombres no es entre iguales, sino entre miembros de dos clases con una gran disparidad de rango. La mujer mira al hombre con admiración. Siente que no se puede comparar, sus recursos y fuerzas son mucho menos. ¿Entonces, qué puede tener? A lo mejor de alguna manera puede lograr hacerse indispensable al amado, para así ganar su amor y encontrar la satisfacción.

¿Pero qué querría el hombre amado con ella? Ella es un ser de rango más bajo, ¿qué podría traer a la pareja? Siente muy hondamente la desigualdad, lo cual la pone muy nerviosa. Se vuelve obsesiva, agarrándose a clavos ardientes, buscando manera de justificar que él debe elegir a ella. Debe atraparlo, hacer que se enamore de ella. De alguna manera debe lograr que él crea algún mito, alguna astuta presentación de relaciones públicas. "Para el hombre, 'enamorarse' es no más que la alteración de su visión machista, por medio de la idealización, mistificación y glorificación, que anula la inferioridad de clase de la mujer. La mujer, que se esfuerza mucho para producir esta condición, sabe que es una mentira y que es nada más cuestión de tiempo hasta que lo descubra."

"La conducta pegajosa de la mujer se debe a su situación social objetiva. En una sociedad dirigida por los hombres, una mujer que no logra alguna forma de aprobación de hombres está condenada; ellos son los únicos que están en condiciones para otorgarle el estado de gracia. La mayoría no pueden lograr validación por medio de trabajo y reconocimiento, están forzadas a buscar su autodefinición por medio de un hombre. Las mujeres necesitan el amor no solamente por razones sanas, sino para validar su existencia. Por supuesto también hay razones económicas. Las mujeres que se fusionan con un miembro de la clase dirigente pueden esperar que algo de su privilegio se transfiera hasta ella, mientras las que no tienen a hombres padecen una vulnerabilidad aun aumentada, lo que seguramente no es la idea de libertad de nadie. Para las mujeres en la actualidad, el amor y la categoría social están entrelazados inextricablemente."[16]

Así, según este análisis, el enamorarse en un esfuerzo para mejorar la categoría social—y frecuentemente la comodidad y la seguridad—en una sociedad en la cual las posibilidades de la mujer son muy limitadas. Aunque muchas veces se piensa que el amor hace desinteresada a la mujer, que solamente se preocupa por su amado, es más verídico el revés; es su mejor opción para mejorar su condición, y entre más desinteresada parece, más posibilidades tiene para mejorarla. Debe destinarse a él, y su inventiva y habilidad para hacerlo han llegado a ser famosas.

Es improbable que la caza frenética del hombre existiera en una sociedad en la cual las mujeres vieran a sus mejores posibilidades para la autorrealización por medio de sus propios esfuerzos, independientemente; pero para la gran mayoría de las mujeres, este momento todavía no ha llegado. Firestone comenta, "El amor entre iguales sería un enriquecimiento, cada uno agrandándose por medio del otro. Pero para cada periodo corto de enriquecimiento, hay diez relaciones amorosas destructivas." [17]

Desde el tiempo de la crítica de Firestone, algunas mujeres se han vuelto más conscientes de la estructura de la sociedad. Su entendimiento puede haber ayudado a algunas a evitar unas relaciones destructivas; a lo mejor les ayudó a otras a desenredarse de algunas relaciones cuando supieron que eran destructivas. Pero son pocas; el viejo modelo del amor entre los géneros es muy evidente y pocos modelos alternativos han aparecido. Todavía no sabemos qué buscar en las relaciones amorosas.

No obstante, de mi propia memoria durante el periodo revolucionario, sé que las mujeres somos capaces de más, y que somos capaces de más con o sin las mejoras en la sociedad que harían más fáciles nuestras vidas y que merecemos. Necesitamos nueva inspiración.

Creo que un modelo nuevo del amor se referiría no solamente a los amantes sino a algo trascendente que ambos valorarían.

Pero como los ideales transcendentes se usan regularmente para la mayor opresión de la mujer (por ejemplo, por la mayoría de las tradiciones religiosas), la consciencia crítica de parte de las mujeres permanecerá esencial. Si alguien debe sacrificarse, que sea un sacrificio conjunto, para algo grande e inspirador, un acto de tal importancia que todos podamos enseñarlo a nuestros hijos e hijas sin vergüenza.

Bibliografía:
1. de Beauvoir, Simone, *The Second Sex*, traducción H.M. Parshley, Bantam, New York, 1953.
2. Belli, Gioconda, "La orquídea de acero", *Ixok Amar Go*, ed. Zoe Anglesey, Granite Press, Penobscot, Maine, 1987, p. 380.
3. Firestone, Shulamith, *The Dialectic of Sex*, Bantam, New York, 1970.
4. Glasgow, Ellen, "The Difference," *Women and Men Together*, antología, ed. Gaillard/Mosier, Houghton Miflin, Boston, 1978.
5. Greer, Germaine, *The Female Eunuch* Bantam Books/McGraw Hill, New York 1970
6. Jiménez, Mayra, "En el Río Tamarindo," *Ixok Amar Go*, ed. Zoe Anglesey, Granite Press, Penobscot, Maine, 1987, p.478.
7. Randall, Margaret, *Sandino's Daughters*, Rutgers University Press, New Jersey, 1981.

Notas:
1. Randall, *Sandino's Daughters*
2. Otro poema sobre esta idea del amor se presenta aquí:

En el Río Tamarindo
Por Mayra Jiménez, Costa Rica

Veo su cuerpo joven desnudo.
Desentendido se baña mientras yo
lo observo desde la orilla.
Recuerdo en cuántas camas nos hemos acostado
en cuántas playas
en cuántas
siempre temerosa a ser sorprendida
en la tarde,
en la inolvidable noche de pasión.
Ágil
(como cuando estabas en el Frente Sur

peleando contra la Guardia)
saltas de una piedra a otra
y rápido te pones el pantalón.
Enamorados seguimos por la montaña
tú con tu Browning 9 mm.
yo con un libro de poesía en mi bolso.

Ixok Amar Go p. 478

3. Byron, Don Juan.
4. Women and Men Together, p.159
5. de Beauvoir, The Second Sex, p.603
6. de Beauvoir, citando a Nietzsche, p. 603, 619
7. de Beauvoir, p.604
8. de Beauvoir, p. 628
9. de Beauvoir, p. 604 and p. 621
10. Greer, The Female Eunuch, p.159
11. Engels, Friedrich, The Origin of the Family, 1943.
12. Greer, p.209
13. Firestone, The Dialectic of Sex, p. 126
14. Firestone, p.132-133.
15. Firestone, p.132
16. Firestone, p.138-139.
17. Firestone, p.128

15. Literatura regional de México: la puerta se abre

Este ensayo, escrito para la revista de Líbano en 2008, explora los tipos de literatura escritos en México contemporáneo, enfocando especialmente las tendencias fuera de la capital. ¿Qué corrientes literarias compartimos con otros países de América Latina?

México, como toda América Latina, sufre de ser muy centralizado. La sobre-centralización ha sido culpada del subdesarrollo, la inflación y casi todos los problemas económicos de México; también es culpable de problemas en su mundo literario. Desde que alguien pueda recordar, casi todas las publicaciones, atención, ventas, distribución, reseñas críticas y publicidad para literatura han estado concentradas en la capital. Si uno quería escribir, tenía que ir a la capital. Pero no todos pueden. Por mucho tiempo los escritores que quedaron en las provincias, regiones que representan una población acercándose a los 100 millones de personas, estuvieron sin atención, sin recursos, casi sin esperanza.

En los años 80 el gobierno mexicano empezó un programa innovador de mandar a escritores importantes a las provincias para coordinar talleres literarios. Usualmente se reunían una noche por semana en el centro cultural de un pueblo. Los talleres

114

han rendido frutos en abundancia. Desde los años 80 ha habido un movimiento literario muy vivo en el interior de la República, que incluye a muchas mujeres y escritores indígenas. Muchos de ellos rutinariamente "tallerean" su trabajo; por medio de este fenómeno la palabra ahora se usa mucho como verbo. (tallerear)

Gobiernos regionales como los de Guanajuato y Baja California Norte han creado premios literarios. Se llaman premios nacionales, y a veces son otorgados a escritores de la capital, pero todos entienden que el hecho de que vienen de gobiernos regionales quiere decir que los competidores de las provincias deben recibir trato equitativo. Aunque los jueces son frecuentemente capitalinos, usualmente hay mujeres y escritores regionales entre los ganadores.

El ver cuatro novelas, ganadoras sucesivas de los premios Ibargüengoitia de 2004, 2005, 2006 y 2007, otorgados por el gobierno del estado de Guanajuato para la mejor novela de la competencia anual, demuestra esto.

La ganadora de 2004, *Los empeños de Consuelo*, de Maruja González, miembro desde hace muchos años de un taller literario en San Miguel de Allende al cual yo también pertenecía, cuenta la historia de tres huérfanas en la miseria que buscan mejorar su suerte por medio de encontrar un esposo rico para la más joven de ellas. Esta obra de época incluye recetas para remedios caseros intercaladas en su trama humorística.

La ganadora del premio Ibargüengoitia 2005, *Soles bajo la piel*, de Carlos Bustos, de Zapopan, Jalisco, es el cuento picaresco de un hombre que empieza un viaje largo para vengar el honor de su prima lejana, Octavia Esperanza del Pesar y Vanosto, cuyo nombre es un chiste en sí mismo. Su honor también resulta de dudoso valor.

La ganadora de 2006, *Música para los buitres*, de Raúl González

Nava, de la ciudad de México, es una novela detectivesca. Ganó el premio como novela, no en una categoría especial.

La ganadora del premio Ibargüengoitia 2007, *Señuelo*, de la novelista bien conocida de la ciudad de Guadalajara, Martha Cerda, se trata de la doble moral, entrando en dos matrimonios, de dos generaciones sucesivas de una familia mexicana.

En otro concurso regional basado en la ciudad fronteriza de Tijuana, la novela *Susurros bajo el agua*, de Moisés Zamora, un joven escritor regional, ganó el Premio Binacional 2004 de Novelistas Jóvenes "Fronteras de Palabras." También obtuvo una mención honorífica en el Premio Madrid VI de Primera Obra de Jóvenes Narradores. Esta novela poética es verdaderamente global. Situada en París, cada personaje tiene una nacionalidad diferente.

Aunque hay un ámbito más amplio y más tolerancia en el movimiento de literatura regional mexicana, de todos modos las novelas generalmente caben dentro de varias corrientes mayores de la literatura de América Latina. Voy a examinar unos de estos textos más atentamente para mostrar sus relaciones con dos diferentes grandes categorías, el costumbrismo y el realismo mágico.

El costumbrismo

El costumbrismo, es decir, el uso de costumbres e historia regionales en la literatura, ha sido un elemento básico en la literatura mexicana por mucho tiempo, sobre todo la literatura de la provincia. *Los empeños de Consuelo*, por Maruja González, incluye remedios caseros hilarantes de muchos tipos, algunos del campo, algunos de su propia familia. Aquí hay uno:

Si le dan calambres por las noches (esto lo hacía don Serapio y no le fallaba nunca):

El chocolate en la noche cae muy pesado, suele producir calambres, además de pesadillas, y cuando éstos atacan lo hacen con gran dolor. Lo que hay que hacer es darle vuelta a las zapatillas, pantuflas o chancletas que se acostumbran dejar bajo la cama y colocarlas con la punta hacia adentro. El remedio es inmediato. (p.86)

Aquí hay otro:

Contra el espanto (esta receta es de la consuegra de don Serapio, suegra de Carlota):

Cuando alguien ha tenido un susto muy fuerte y en la botica no se ha encontrado agua de contra-espanto, que suele suceder que se ha acabado porque es muy solicitada, lo mejor es agarrar al susodicho asustado desprevenido y rociarle la cara con un buche de mezcal, a que quede bien mojado. De pronto se molestará, pero a la larga le quedará agradecido. (p.134)

El material, aun cuando es chistoso, puede ser horrible:

Para la inflamación de las anginas (Otro remedio de la nana Trinidad que sí sirve, se lo hizo a Consuelo cuando se cayó en la pila del jardín y le salieron tamaños anginones):

Cuando a un niño le duele la garganta porque tiene inflamadas las anginas, no hay nada mejor que lo siguiente: cataplasma con rana.

Se busca una rana de buen tamaño. Se le raja la panza con un cuchillo filudo, teniendo cuidado de que el animal no se muera. Se abre y se le planta—la rana—con la herida hacia abajo y las patitas a los lados del pescuezo a la criatura—el niño—(que el corazón de la rana esté latiendo en el lugar donde deben estar las anginas del niño). Encima se le pone un paño caliente. Se amarra todo con un paliacate o servilleta y se deja ahí un buen rato a que absorba el mal.

Si el niño se asusta, cosa que es muy probable, porque la rana se mueve o lo mejor lo araña con las patas delanteras debajo de las orejas, hay que decirle—al niño—que es por su bien y que no le pasará nada. Si se pone rebelde—el niño—y se agita, lo mejor es atarlo un rato a la cama hasta que el animal—la rana— cumpla con su cometido. (pp.53-4)

La novela de costumbrismo la mejor conocida fue *Como agua para chocolate* (1989), de Laura Esquivel, de la cual se hizo una película exitosa. Fuertemente impulsada por su trama, no se puede soltar. Contiene muchas recetas de comida tradicional que intensifican su tono romántico y nostálgico. También usa el ingenio de fascículos, supuestamente entregados mes por mes, un ingenio que Martha Cerda también usa en una de sus novelas recientes, *La mujer del policía (2005).*

El libro mejor conocido de la autora de la novela ganadora del Premio Ibargüengoitia de 2007, Martha Cerda, es *La señora Rodríguez y otros mundos* (1990). Este libro también fue publicado en París en 1993 como *La Señora Rodríguez et autres mondes* por Indigo & Coté femmes Éditions y ha sido traducido a muchas otras lenguas.

Esta novela también recurre a una forma de costumbrismo, aunque esta vez las costumbres son las de la clase media urbana de hoy. En esta novela, la fuente de estos elementos usualmente es la suegra de la señora Rodríguez.

Susana y Carlitos fueron preparados por su abuela para hacer la primera comunión. La santa señora se empeñó en inculcarles a sus nietos las verdades eternas y las buenas costumbres que ella había practicado siempre, junto con un sinnúmero de oraciones que deberían recitar antes de levantarse, de acostarse, de comer y hasta de bañarse; cosa que hacían vestidos por temor de caer en la tentación. Y con el propósito de que los niños no olvidaran sus enseñanzas, mandó imprimir unas estampitas de la Virgen con el siguiente texto: "Recuerdo de la Primera Comunión de Susanita y Carlitos Rodríguez, celebrada el día diez de mayo de 1965"…

"Y pensar que mi suegra mandó imprimir diez mil por lo que se ofreciera", suspiró la señora Rodríguez, persignándose y dándose un beso tronado en el dedo gordo, a la vez que recordaba las miles de novenas y jaculatorias rezadas por su suegra para asegurar su entrada al cielo, antes de que la Iglesia decidiera que ya no había indulgencias plenarias. (pp. 100-01)

El realismo mágico

Muchas o aun la mayoría de las novelas en América Latina exhiben alguna forma de realismo mágico. En *Soles bajo la piel* de Carlos Bustos, aunque empieza en *terra firma*, pronto se mueve hasta lugares mágicos. En el viaje del héroe para descubrir si su prima fue llevada por un herrero misterioso, se detiene en Nazarán:

Nazarán, villorrio donde la lluvia no termina de caer, es el reino de los objetos extraviados. Su arquitectura es muy irregular debido a que está construida con todos los materiales que se han perdido a lo largo de las centurias. Cuenta con puertas turcas, arcadas arabescas, balaustradas italianas… En el escaparate de aquella tienda atiborrada de toda clase de relojes se vende el tiempo perdido; baste caminar dos cuadras para encontrarse con un almacén...[donde].. se guardan las plegarias, las promesas y las peticiones que no llegaron nunca a Dios. Si se sigue la corriente calle abajo, se encontrará protegido por una carpa ...un mercado que vende todas las balas de pistola, fusil, rifle, cañón, que fueron disparadas y no dieron en el blanco...

[Pretenden] comprar en abonos un amor en el Bazar de los Amores Perdidos.

(p. 69-70)

Susurros bajo el agua, por Moisés Zamora, no está escrita en el estilo de realismo mágico; no obstante, el tema del corazón, que recurre en todo el libro, se trata de manera mágica.

Un doctor dice a Claudio, el personaje principal:

–Mire, le enseñaré– puso una de las radiografías de mi pecho en la pared luminosa y vi cómo es mi corazón, se le notaba su timidez –¿ve ese pequeño círculo blanco en el lado izquierdo de su corazón?

– Sí ¿qué es, doctor?

– No estamos seguros, pero creemos que puede ser un tumor. Los análisis nos lo dirán.

– ¿Cáncer?

– Me temo que sí. (p.122)

Este cáncer se debe a la esperanza de un amor imposible, explica el doctor. Otros análisis médicos corroboran la diagnosis.

–Mira– puso tres piedras rojas, cristales que parecían rubíes vírgenes, –el cáncer está afectando tu sistema nervioso e inmunológico. Por ello, tu sangre produce deseo, para curar las

lesiones, pero como el cáncer se desarrolla tan rápidamente, estas sales constriñen las vías sanguíneas y las deposita en tus riñones. Con el tiempo se convierten en piedras como las que encontramos en tu orina. (pp. 178-179)

Finalmente Claudio padece una operación en la cual sacan mariposas y también el corazón de su pecho, todo aparentemente con buen efecto.

El estilo de *Señuelo*, la novela más reciente de Martha Cerda, ganadora del Premio Ibargüengoitia 2007, aunque más realista del que caracteriza muchos de sus libros, es mágico de todos modos. Su estructura es de partes breves, narradas sucesivamente desde el punto de vista de diferentes personas de diferentes matrimonios y finalmente de la hija soltera también. Un contratema recurrente del cáncer de la perra mascota de la familia, símbolo de la infidelidad, aparece al principio de muchas partes. Los tiempos se vuelven locos. El 1958 se entremezcla con el 2002. Aun en el mismo periodo, los tiempos bailan: la esposa descubre la infidelidad en la página 45 aunque la seducción que empieza la infidelidad se encuentra en la página 151. Unas partes vienen etiquetadas con su año, por ejemplo "Marzo de 2002". Probablemente hay manera de desenvolver los tiempos, pero no es necesario. La experiencia vertiginosa y surrealista del lector es agradable y adictiva aun sin entender todo.

Todos podemos reconocer la situación que la novela describe, desbarata, disecciona, desarma y recompone a medias. Es el matrimonio en el cual el esposo es infiel. En los dos matrimonios, que representan a dos diferentes generaciones y diferentes maneras de vivir, la infidelidad toma diferentes formas. Reconocemos a las dos.

Entre los más grandes, el esposo toma mucho, anda con prostitutas, genera hijos ilegítimos etc. La esposa muy religiosa está siempre embarazada y finge no saber de las andanzas de su esposo.

Entre los de la siguiente generación, el esposo, quien es hijo del otro esposo, odia los modales de su papá y jura nunca portarse igual. De todos modos, cae en una relación con una persona que se presenta en un momento oportuno, una persona que no es de ninguna manera más atractiva que su esposa y él no la considera más atractiva. De hecho, no sabe qué hace o por qué. No obstante, sigue con el engaño por años, hasta ser descubierto por casualidad, cuando la cuenta de su teléfono celular, que él mismo ha ordenado que manden, por conveniencia, al correo electrónico de su esposa, registra muchas llamadas a un número en Michoacán que ella no reconoce.

Lo que pasa a ella entonces es muy distinto a lo que pasó con su suegra. Su mundo se desbarata de un golpe.

Todas las esferas del árbol de Navidad se rompieron al mismo tiempo y comencé a caminar descalza sobre los pedazos de vidrio. Hacía frío, pero sentí el extraño placer de haberlo descubierto. Alfonso nunca se imaginó que un e-mail lo iba a desenmascarar, a él, que jamás usaba el correo electrónico. (p.46)

Se siente que su vida por años ha sido todo un engaño.

Y como duele crecer, Mariana. Sientes que te desgajas por dentro: el corazón se estira hacia arriba, el vientre hacia abajo: te partes en dos. (p.58)
Busqué mi acta de matrimonio, en su lugar encontré una

sentencia de muerte con fecha del 23 de diciembre de 2001. (p. 123)

Cree que debe divorciarse del esposo, aunque finalmente no le gusta tampoco esta opción.

Su esposo también entiende que este momento es para ella un parteaguas. Hombre y mujer, todos de esta generación saben que la mujer sufre de la doble moral y que tiene derechos. Se puede decir que han descubierto la humanidad de la mujer, y es un avance, pero, sobre todo dado que el hombre sigue con sus andanzas, ¿de qué sirve esta nueva consciencia? Parece servir solamente para crear una clase de agraviadas, destrozadas, pobres mujeres que todavía tienen décadas de vida, pero cuyas vidas nunca más van a ser felices.

No hay tiendas que venden confianza por kilos; el respeto tampoco se puede comprar, y el amor, el amor aunque es un artículo de primera necesidad, no se hace en serie. (p.100)

El estilo de *La mujer del policía*, otra novela reciente de Martha Cerda, probablemente debe llamarse realismo mágico, pero aunque es definitivamente mágico, es difícil decir en qué sentido es realista. Un joven estudiante (cuyo nombre nunca sabemos) tiene el cargo de investigar que Enedina García, mujer de un policía que supuestamente vive en Donceles 800, un edificio de departamentos en la capital, es víctima de violencia doméstica. Sale en busca de ella.

Después de esto, nada se queda en el plano racional. Tiempo, espacio, carácter, atributos, todo va patas para arriba. Los detalles son maravillosos. El estudiante se mantiene parado fuera del edificio hasta el punto que, por ejemplo, alguien considere pegar un póster "Vota por…" sobre él. Los gatos del barrio empiezan a aceptarlo. Pero, en cuanto a la trama…¿Enedina existe? ¿Vive en este edificio? ¿Es justa la descripción de ella que le dieron en la universidad? ¿Cómo es su matrimonio? ¿Tiene hijos? ¿Hay alguien, entre los muchos que dicen que la conocen, que realmente la conoce? El lector no avanza.

El estudiante está inexorablemente atraído por su mundo, un mundo claramente lejos de su origen, hasta que se vuelve una parte inextricable de ello—todo sin conocerla nunca, aun sin descubrir ninguna evidencia real de ella. La única vez, cuando parece que la ha encontrado, la persona que él ha encontrado resulta ser un prostituto travestido que hace negocio fingiendo ser la fantasía de cualquier cliente. Es Enedina porque :

–Yo soy para ti lo que tú quieras, la mujer del policía, la del pirata, la del diputado. Tú nomás dime, papacito. (p.104)

La novela está estructurada como un serial, con 25 episodios y un epílogo. Cada uno comienza con un poema, usualmente bastante juguetón, sobre algún aspecto de la historia de-construida, tal como:

La mujer del policía
no llega precedida del Carnaval
como la Cuaresma,
no llega precedida de vivas y cohetes
como el año dos mil,
la mujer del policía
no llega. (p.104)

La escena de la novela más temprana de Cerda ya citada, *Señora Rodríguez y otros mundos*, se desprende hasta la infinidad en todas las direcciones. No precisamente por la señora Rodríguez misma, quien generalmente se halla cerca de su casa, sino por los otros mundos con los cuales su mundo alterna. Son una banda tenebrosa de mundos sin relación aparente con el mundo de la señora Rodríguez. Entran al fin de cada capítulo, se presentan brevemente y salen rápido otra vez, sin dejar rastro evidente, mientras las ocurrencias del mundo propio de la señora Rodríguez siguen una cierta lógica, o casi la siguen.

La señora Rodríguez nunca se ve sin una bolsa grande. "Hay quien dice que no la ha reconocido sin ella." (p. 17) Los objetos que ella encuentra en esta bolsa empiezan bastante tranquilamente, con un rosario que le dio su suegra, una receta, unos chicles etc., pero pronto se transforman para pregonar y también provocar cambios radicales en su mundo. Al rato la señora Rodríguez registra en su bolsa y topa con la cola de un dinosaurio. (p.72)

En un lance imprevisto, la señora Rodríguez se involucra en un problema matemático, un retroceso infinito. No es el único en el libro; la señora Rodríguez definitivamente tiene problemas con el infinito. Pero cerraré con esto porque demuestra cómo, en el mundo de la señora Rodríguez, que tal vez sea el mundo de todos nosotros en América Latina, tales andanzas pueden ser bellas y aun exaltadas.

Una noche la señora Rodríguez soñó que abría su bolsa y de ella salía ella misma abriendo su bolsa y de ésta salía otra señora Rodríguez abriendo su bolsa y así hasta el infinito. El señor Rodríguez, en cambio, sueña que la bolsa es un pozo sin fondo donde lo que entra ya no vuelve a salir. Recuerda el día en que la señora Rodríguez metió accidentalmente el retrato de su suegra a la bolsa y al poco rato aquella murió. Y también cuando por casualidad guardó el reloj del señor Rodríguez en la misma bolsa y el señor Rodríguez perdió la noción del tiempo para siempre. Por eso se levanta a las tres de la mañana a bañarse y se duerme a las cinco de la tarde, mientras la señora Rodríguez sale al cine y va a tomar café con sus amigas y saca la chequera de su bolsa, la acaricia y la vuelve a guardar, igual que guardó las llaves de su casa y hasta las puertas del cielo para que nadie entre sin su consentimiento. Porque la señora Rodríguez no es como la pintan, cuenta el señor Rodríguez; y él debe saber más que yo, pues ha vivido con ella en estas páginas desde que empezó el cuento. (pp. 54-55)

Bibliografía:

Bustos, Carlos, *Soles bajo la piel*, Ediciones la Rana, México, 2006

González Nava, Raúl, *Música para los buitres*, Ediciones la Rana, México, 2007

Cerda, Martha *Señuelo*,Ediciones la Rana, México, 2007

Cerda, Martha *Señora Rodríguez and Other Worlds*, trans. Sylvia Jiménez-Anderson, Duke University Press, 1997

La señora Rodríguez y otros mundos, Joaquín Mortiz, México, 1990, citas de la segunda edición, La luciérnaga editores, México, 1994

Cerda, Martha, *La mujer del policía*, Biblioteca de textos universitarios, Argentina, 2005

Cerda, Martha, "Historia de los talleres literarios en Guadalajara," artículo inédito

Esquivel, Laura, *Como agua para chocolate*, Planeta, México, 1989

González, Maruja, *Los empeños de Consuelo*, Ediciones la Rana, México, 2005

Zamora, Moisés, *Susurros bajo el agua*, CONACULTA, México, 2005.

16. Pensando en la paz

Comparado con cómo hacer la guerra, no hay bastantes recursos ni de lejos otorgados para estudiar cómo hacer la paz. Mi amiga y colega de Guadalajara, Martha Cerda, me pidió escribir sobre la paz. Este ensayo fue publicado en un bonito folleto para repartir en el stand del PEN en la Feria Internacional del Libro en Guadalajara en 2010. Fue republicado en una revista en la ciudad de México. El tema del control de armas todavía es crítico. En Estados Unidos en particular, nada positivo se ha hecho.

¿Hay paz en su familia?

¿Hay paz en su cuerpo?

¿Hay paz en su alma?

Mi amiga senegalesa me dijo que para saludar cortésmente a una persona, hay que hacerle estas preguntas. La paz viene primero.

Pero cuando la tenemos, lo damos por sentado, y cuando la vemos irse, ya es muy tarde. ¿Cómo conseguir la paz?

Tenemos muchas ideas deficientes sobre cómo restaurar la paz cuando está amenazada. Las películas de vaqueros celebran un regreso a la paz aparentemente automático cuando los cuerpos de los malvados se esparcen en el suelo. Otras películas enseñan cómo nosotros o ellos "ganaron la guerra". En la televisión los generales insisten en que nuevas tropas o más armas pueden restaurar la paz. Una pequeña voz adentro dice que eso no suena bien. Sabemos que, aún con más tropas no mataríamos a todos los enemigos ni ganaríamos la guerra. Sin embargo estas ideas reciben estímulo a diario, y los vendedores de armas son los únicos que salen ganando.

Sobre las armas

La Constitución de Estados Unidos dice que la gente tiene el derecho de llevar armas. Dos decisiones recientes de la Corte Suprema de Estados Unidos, en el 2008 y el 2010, permiten que casi cualquier persona que quiera un arma pueda tenerla. La decisión del 2008 derogó una prohibición de pistolas en el Distrito de Columbia. En el 2010, otra decisión sostuvo este derecho en los estados también. La Corte decidió que el demandante, un ciudadano de Chicago, podía llevar una pistola, aun una pistola cargada. Ambas fueron decisiones con la Corte dividida 5-4, pero esto no dio mucho consuelo al alcalde de Chicago. En un período reciente de tres meses, 32 niños escolares murieron por pistolas en su ciudad.

Las armas son un negocio grande en Estados Unidos. Casi cualquier persona puede comprarlas. Es un paso fácil traerlas desde allá a México o a cualquier otro lugar, con resultados muy malos.

Un pleito en la cantina de la vecindad con navajas o puños requiere solamente dos policías con entrenamiento normal para suprimirlo. Una vez que este vecino peleonero va a Texas y regresa con una pistola, los riesgos aumentan. No solamente podría matar a la víctima deseada sino a la policía y a los transeúntes también.

La ex-Secretaria del Estado de los Estados Unidos, Hillary Clinton, dijo que el 90% de las armas usadas en México vienen de Estados Unidos. En septiembre del 2010 Clinton reconoció la responsabilidad de Estados Unidos en la violencia que ocurre en México y juró, "Seguiremos buscando maneras de parar el flujo de armas y reducir la demanda de drogas."

Usos positivos de la fuerza militar

Las armas son peligrosas y las intervenciones armadas son peligrosas. Con lo peligroso que es cuando nuestro vecino exaltado obtiene una pistola, cuando agregamos mucha gente con muchas armas, los riesgos se multiplican. Los ejércitos se asocian con las guerras en la mente de todos incluyendo a los soldados. Los ejércitos no causan las guerras, pero en donde se desplieguen, el potencial para la violencia aumenta. Cualquier decisión de desplegar un ejército debe ser revisada constantemente, y debe incluir la opción de su retiro siempre bajo consideración.

Pero no toda la intervención militar es negativa. Durante la inundación del Río Mississippi en el 1993, dos estados mandaron tropas de la Guardia Nacional para amontonar sacos de arena en las riberas y para prevenir el desorden, lo que es tan frecuente en cualquier estado de urgencia. Nadie estaría en contra de esto. Pero aun en aquel evento, la Guardia Nacional tuvo que controlar a la gente. Un hombre fue procesado por quitar los sacos maliciosamente para abandonar a su esposa en la otra ribera.

En Haití en el 1994, tropas extranjeras ayudaron a mantener el orden mientras el presidente Aristide reasumió el mando. En Timor del Este en el 2006, fuerzas de pacificación ayudaron en un período transicional. Tropas de la ONU han ayudado en Bosnia desde el 1995, intervinieron también a veces en el

Congo, en Namibia, en Mozambique. Hay muchas instancias de pacificación militar.

Muchos ejemplos de acción efectiva emplean tropas multinacionales, como la OTAN o la ONU. La mayoría de estas acciones son muy limitadas. En algunos casos los soldados ni siquiera tienen la autoridad para disparar. Sin embargo, a veces las fuerzas multinacionales han hecho campañas militares más allá de la pacificación. El bombardeo por la OTAN en Serbia y Kosovo en el 1999 puede haber ayudado a restaurar la paz en la ex-Yugoslavia, pero hizo mucho más daño colateral que las actividades típicas de pacificación. Sigue siendo un tema controvertido.

Hay ejemplos de omisión también, casos en los cuales las fuerzas internacionales de pacificación no llegaron, o llegaron muy tarde. Muchos creen que una oportunidad para salvar muchas vidas se perdió por la inacción militar internacional durante el genocidio de la gente tutsi en Rwanda en el 1994, en el cual el 75% de la población tutsi fue exterminado.

Advertencias

Los riesgos del uso de fuerzas armadas sin el máximo cuidado son obvios. Las intervenciones armadas se han desmandado durante siglos. En las pláticas durante este año bicentenario supe del baño de sangre que el Padre Hidalgo ordenó en Guanajuato en el año 1810, la ejecución de muchos sin ninguna razón estratégica. Durante los años 1980, hubo muchas masacres en Guatemala y El Salvador, como los de Dos Erres, El Mozote y el Río Sumpul. En los años 1990 hubo masacres en México tras el levantamiento zapatista, como se vio en Acteal. Ninguno fue justificable como operación militar.

Se puede simpatizar con el deseo de la venganza cuando se escuchan las historias de una familia asesinada delante de los ojos de un sobreviviente. Pero la venganza simplemente no sirve. No sirve para resucitar a los judíos, los armenianos, los tutsi. Las tragedias son permanentes; los daños siguen exactamente iguales si perdonan o ejecutan a los perpetradores. Posiblemente las comisiones de la verdad, trabajando para clarificar los crímenes después de la restauración de la paz, nos pueden ayudar a aprender de la historia.

Mientras tanto, sería buena idea acordarnos de los ancianos senegaleses, checando día tras día:

> *¿Hay paz en su familia?*
> *¿Hay paz en su cuerpo?*
> *¿Hay paz en su alma?*

Agradecimiento:
Hay un excelente artículo "Military Intervention" por Charles Hauss:
   http://www.beyondintractability.org/essay/military_intervention/

17. ¿QUIÉN ES MI HERMANA?

En los años 70, cuando el movimiento para la liberación de las mujeres era nuevo y poderoso en Estados Unidos, se mencionaba mucho la hermandad de las mujeres. Así cuando supe que la hermandad entre mujeres era el tema de 2010 para la revista en Líbano pensé que iba a encontrar mucho material en mis libros de esa época. Para mi sorpresa, no fue así. El concepto era mencionado, no explorado.

Este trabajo fue muy divertido para mí. Incluí a las hermanas notorias, las poquianchis, en este ensayo porque son del mismo estado donde vivo. ¡Apuesto a que nadie más ha mencionado "conspiración criminal" como un tipo de hermandad entre mujeres!

¿Quiénes son hermanas?¿ Qué es la hermandad? Pensamos que sabemos. El diccionario dice que es la relación entre la prole, en este caso femenina, que comparten al menos un padre. O, tal vez en algunos casos, como cuando una madre de una especie adopta a una huérfana, aun de otra especie, las hermanas son las hembras que crecen con la misma administración doméstica, como si compartieran un padre. Los estorninos tienen hermanas, también los elefantes y las tortugas.

Aprendemos a compartir y aprendemos a jugar con nuestros hermanas y hermanos, felices o no al respecto. Los que no tienen a hermanos y hermanas desarrollan relaciones parecidas con primos, vecinos etc. En estas relaciones aprendemos por primera vez sobre la desigualdad: algunas hermanas o hermanos son más grandes, más inteligentes, más guapos, más fuertes etc. Pero estas relaciones también dan el prototipo de la relación de igualdad.

La hermandad también comprende una expansión femenina más reciente de uno de los ideales de la Revolución Francesa, algo esquivo para lo cual luchamos y esperamos. En este sentido no es la relación entre estorninos en un nido sino un ideal religioso o moral de los seres humanos. En este sentido definitivamente depende de la connotación de igualdad y más: amor, confianza y disposición de ayudar. En la ola de feminismo que empezó en los años 60, la idea de hermandad entre mujeres empezó a usarse muy comúnmente en este sentido. No íbamos a usar el lenguaje generizado de hermanos cuando hablábamos de mujeres, inventaríamos la hermandad femenina, "sisterhood". Algunas dijeron que todas las mujeres deben ser sisters. Me acuerdo de una mujer preocupada porque no podía aceptar a la dueña de su departamento como una sister. Un libro temprano de ensayos feministas se llamaba *Sisterhood is Powerful*.

Aunque parezca mentira, no hay un ensayo sobre sisterhood en *Sisterhood is Powerful*. Tampoco hay una sección sobre la hermandad en el clásico, aparte de eso muy completo, *El segundo sexo*, de Simone de Beauvoir. Hay muchos más textos sobre la maternidad, entonces y ahora. Este comentario aplica a mi propia obra también. Aunque soy la hermana mayor orgullosa de Ruth, Rachel y Amy, nunca antes he investigado el tema de la hermandad. Doy la bienvenida a esta oportunidad de rectificar la deficiencia.

En la ausencia del material teórico que esperaba, he enfocado unos textos literarios sobre hermanas para buscar modelos. Un libro, *Little Women* (Mujercitas), es un clásico viejo escrito en inglés por la autora Louisa May Alcott. Otros dos textos fueron escritos en español en el siglo 20 por autores, *La casa de Bernarda Alba*, una obra de teatro, y la novela *Las muertas*.

Finalmente escogí una novela por una autora contemporánea dominicana-estadounidense, Julia Alvarez, *In the Time of the Butterflies* (En el tiempo de las mariposas), una historia ficcionalizada de las hermanas Mirabal, heroínas revolucionarias de la República Dominicana.

Las hermanas promueven la socialización

Little Women, de Louisa May Alcott, tiene lugar en un hogar totalmente de mujeres. El padre se ha ido para hacerse capellán en la guerra civil estadounidense en el lado anti-esclavitud. Cuatro niñas demasiado jóvenes para casarse son dejadas para crecer con su madre. El libro aprovecha la edad de las muchachas y la ausencia del padre para mostrar a las niñas como personas en su derecho propio. Es la última ventana de oportunidad antes de que se casen y las situaciones y políticas de sus maridos ponen fin a muchos de sus modales y seguramente a sus libres interacciones diarias. Realmente gozan una de otra, forjando lazos de afinidad personal y aun a veces promoviendo sus esfuerzos para el auto-desarrollo. (Jo y Beth se quieren especialmente aunque no se parecen de ninguna manera. Las muchachas ayudan a Jo para escribir sus cuentos. Jo ayuda a Beth para conseguir el uso de un piano, etc.) No obstante, ninguna de las hermanas, ni aun Jo, la más audaz, realmente quiere hacer olas. Son muy liberales en sus esfuerzos para ayudarse una a la otra para gozar de las vidas que se espera que vivan, pero en ningún momento dejan que su afecto de una para otra promueva cualquier tipo de desviación seria de su destino.

Durante el tiempo del libro, aunque todas las hermanas sabían leer, solamente una estaba en una escuela. En el primer desacuerdo con el maestro, la madre de la niña la retira de la escuela y el asunto nunca más es mencionado. El tema fue el castigo corporal.[1] No es un tema central en el libro, pero ilustra la preferencia del hogar como el lugar correcto para la mujer. Ni la madre ni las muchachas piensan que ellas deben prepararse para influenciar las políticas públicas.

El tema predominante durante la Parte 1 tiene que ver con los hombres, es decir, los maridos. Es urgente. Pronto las muchachas deben encontrar con quien unirse. (En la Parte 2, de hecho un libro aparte que tiene lugar tres años más tarde, crecen y se casan.) ¿Deben buscar el mejor postor como marido o deben considerar también el carácter moral? Es la cuestión de valores al cual el libro se dirige; la respuesta no es sorpresa.

La hermandad como una conspiración criminal

Las hermanas González son las únicas mujeres que figuran en el lista de Wikipedia de los asesinos en masa más notorios de todos los tiempos. Llamadas "Las poquianchis" en México (No he topado con nadie que sabe por qué), eran figuras históricas reales que administraban una red de prostíbulos en el estado de Guanajuato. Cuando fueron detenidas en el 1964, 91 cadáveres se encontraron enterrados debajo de su patio, 80 de ellos cuerpos de prostitutas. Cuatro hermanas fueron encarceladas por sus papeles en los crímenes, aunque dos eran las administradoras principales de los prostíbulos. En realidad fueron detenidas por una denuncia de una antigua prostituta. En *Las muertas*, de Jorge Ibargüengoitia, la representación ficticia del caso, , su caída resultó del esfuerzo fallido de una hermana para fusilar a un hombre que la había rechazado. Usando técnicas de reportes policiales, el trato de Ibargüengoitia de un tema horripilante, sin embargo, es alegre y agradable para leer.

En la novela y tal vez en la realidad, familias pobres frecuentemente llevaban a sus hijas al rancho de las "poquianchis'" como hubieran llevado a las hijas a un convento, esperando asegurarles su supervivencia económica. Algunas llegaron solas voluntariamente por la misma razón. Los conventos exigían dotes, las hermanas González no. La relación era feudal; las hermanas González las asumieron como dependientes. Tenían a muchas prostitutas y fue su trabajo vigilarlas y hacer prosperar el negocio.

En el libro, seguimos los esfuerzos de las mujeres de negocio con su relación importante y delicada con las fuerzas de la ley. Su negocio fue tolerado, respetado y definitivamente concurrido mientras que no causaba escándalos ni daba problemas que molestaran a la gente. Esto llevó a ciertos entierros en el patio, como cuando una prostituta querida murió inconvenientemente de un aborto estropeado y tuvieron que ocultar su muerte. También, desde el principio, sus políticas administrativas no fueron ideales; por ejemplo, no tuvieron empacho de empujar a una prostituta difícil del balcón. En 1962, cuando la prostitución fue proscrita en el estado de Guanajuato, fueron dejadas con muchísimas dependientes y sin manera de ganar dinero, y esto llevó a un baño de sangre.

La relación entre las hermanas fue una conspiración criminal, pero también fue una empresa familiar, una manera para que las mujeres sobrevivieran cooperando, no tan diferente de los temas mayores de las hermanas en la mayoría de los libros y en la realidad.

La hermandad degenera en una pelea de gatos

La obra dramática feroz y enjuta *La casa de Bernarda Alba*, de Federico García Lorca, representa las vidas de cinco solteras bajo la dominación de su madre rígida. Aunque ningún hombre aparece en el foro durante toda la obra, se trata totalmente de hombres, en particular de Pepe el Romero. Es el prometido de la única hermana que tiene una dote. Dos más hermanas están enamoradas de él y todas las otras están también obsesionadas con él de alguna manera. Esta obsesión finalmente causa la interrupción de todos los lazos de hermandad y convierte la situación en una pelea de gatos, con cada hermana combatiente reclamándolo. Culmina en la muerte de una de ellas.

> *Adela: Vino por el dinero, pero sus ojos los puso siempre en mí.*
>
> *Martirio: ¡No me abraces! No quieras ablandar mis ojos. Mi sangre ya no es la tuya, y aunque quisiera verte como hermana no te miro ya más que como mujer.*
>
> *Adela: Nos enseñan a querer a las hermanas. Dios me ha debido dejar sola, en medio de la oscuridad, porque te veo como si no te hubiera visto nunca.*

Durante toda la obra, el tema es la sexualidad reprimida. Una vecina dice que una crisis es inevitable porque

> *"...Son mujeres sin hombre, nada más. En estas cuestiones se olvida hasta la sangre."*

Según Bernarda, nada pasará. Casará a Angustias rápido y eso pondrá fin al problema.

Pero las vecinas y sirvientas cuentan otra historia:

"Es tan orgullosa que ella misma se pone una venda en los ojos."

"Cuando una no puede con el mar lo más fácil es volver las espaldas para no verlo"

"Bernarda cree que nadie puede con ella y no sabe la fuerza que tiene un hombre entre mujeres solas."

Se puede ver que el tema de esta obra es más trascendente que la represión sexual, es la represión de la mujer. La administración de Bernarda Alba es realmente inaguantable. Con o sin Pepe el Romero, algo tenía que hundirse. La hermandad realmente no es lo que está en entredicho aquí, sino la supervivencia. Donde los recursos son escasos, hermana puede tener que habérselas con hermana. En una situación suficientemente mala, la hermandad puede degenerar en una pelea de gatos. Es un hecho infeliz que aplica igualmente a estorninos, elefantes y seres humanos.

La hermandad y la protesta revolucionaria

In the Time of the Butterflies, de Julia Alvarez, narra la historia de unas heroínas de la República Dominicana durante la Guerra Fría entre los Estados Unidos y la Unión Soviética, durante cual casi todos los países de América Latina tuvieron el mismo problema. Un dictador despiadado que había subido con la ayuda de los Estados Unidos, que apoyaba a cualquier gobierno dispuesto a declararse anti-comunista por un precio. En este caso, intentos de revolución armada dirigidos por dominicanos llevaron simplemente a más mortandad. El Presidente Rafael Trujillo finalmente fue asesinado en un movimiento apoyado por los Estados Unidos el 30 de mayo de 1961.

Trujillo promovió un culto extremo de sí mismo. Intentó

ocultar sus hechos más sangrientos y desaprensivos de la vista pública y esperó gozar de la adoración abierta y extravagante de su gente para siempre. Con la multiplicación de sus delitos, el nivel de hipocresía aumentaba hasta volverse intolerable para cualquier persona de consciencia, tales como las hermanas Mirabal, llamadas las "Mariposas" y aclamadas como heroínas aun durante sus vidas. Trágicamente, el 25 de noviembre de 1960, Trujillo mandó asesinarlas al regreso de una visita a sus esposos encarcelados.

Esto es el fondo histórico del libro, pero la historia es de cuatro hijas de una familia eminente, las mujeres mismas, no sus padres ni sus esposos. Crecieron y llegaron a la consciencia revolucionaria de cuatro maneras diferentes. Cada una descubre la hipocrecía del régimen por medio de la manera en que se cruza con su propia vida.

Son las historias de cuatro personalidades con un fundamento considerable en los hechos. Alvarez dice que las muchachas salieron solas como personajes ficticios con su propia lógica, pero a la vez tuvo el consejo de la hermana Mirabal que sobrevivió, Dedé.

Dos de las muchachas salieron para estudiar en la capital, oyeron y vieron evidencia escandalosa de asesinatos y explotación sexual por Trujillo y fueron influenciadas por ideas de la justicia social. También se casaron con disidentes.

Las otras dos se casaron con granjeros y se quedaron en casa. Patria, la mayor, era profundamente católica y muy devota a la familia. En el libro, fue a un retiro espiritual cuando estalló una rebelión en un lugar cercano, y vio a muchachos dominicanos matados por el ejército de Trujillo. Ella, como mucha gente en América Latina en esta época, llegó a una consciencia revolucionaria por medio de su fe católica.[3] En una escena, un sacerdote dando comunión a las hermanas susurra, "¡Vivan las mariposas!" Patria también es la persona que llevó la disidencia a su casa. Hizo entender a su marido que para ella no había marcha atrás, y la respetó.

Comparado con otros textos sobre hermanas, el tema de la sobrevivencia económica apenas existe. La familia Mirabal tiene dinero y las mujeres pueden sobrevivir. Otra diferencia es que éstas son mujeres casadas cuyos matrimonios son una parte, pero solamente una parte, de sus vidas. Aunque no los escogieron, sus temas morales son trascendentales, y no hay una elección que arregle sus vidas, como frecuentemente aparece que el matrimonio puede arreglar permanentemente las vidas de otras mujeres. De una manera están, como diría Sartre, "condenadas a ser libres." [4]

Conclusión

He encontrado diversos modelos de cómo las hermanas actúan, incluyendo unos sorprendentes. Como no veo ningún límite esencial de lo que las hermanas podrían hacer juntas, espero ver mucho más en un futuro sobre ellas, en la literatura y en la vida.

Bibliografía
Alcott, Louisa May, *Little Women*, (Part One) 1868, edición 1994, Little Brown and Company, Nueva York
Alvarez, Julia, *In the Time of the Butterflies*, Plume-Penguin, Nueva York 1995
Austen, Jane, *Pride and Prejudice*, 1813, edición 1996, Penguin Classics, Inglaterra.
De Beauvoir, Simone, *The Second Sex*, 1949, edición 1970, Alfred Knopf, Nueva York
García Lorca, Federico, *The House of Bernarda Alba* (obra de teatro), 1936, edición 2003. Nueva Dramatists, New York
Ibargüengoitia, Jorge, *The Dead Girls*, 1981, edición en inglés 1983,

Avon Books, Nueva York

Morgan, Robin, ed. *Sisterhood is Powerful*, anthología, 1970 Vintage-Random House, Nueva York

Notas

1. *Tuve un desacuerdo con un maestro de una de mis hijas sobre los castigos corporales, pero no consideré la opción de retirarla permanentemente de la escuela.*

2. *http://en.wikipedia.org/wiki/Most_prolific_murderers_by_number_of_victims*

3. *En Nicaragua durante su revolución, la unidad principal de la organización revolucionaria llegó a ser las Comunidades de Base, básicamente grupos para estudiar la Biblia. Para el fin de la revolución una tercera parte de la fuerza armada eran mujeres.*

4. *Sartre, Jean-Paul* Being and Nothingness, *1943.*

Agradecimiento

Quiero agradecer especialmente a Elizabeth Starcevic, Martha Cerda, Pat Hirschl, Susan Pildes, Nick Patricca y Rachel Tompkins por su ayuda en mi investigación para esta ponencia.

18. El redescubrimiento de América

Cuando el PEN chino de Taiwán supo que yo iba a estar en Taiwán en 2011 para visitar a mi hijo, me pidió un texto para leer en inglés en su reunión general anual. También iba a tenerlo disponible en chino.

Sé que las relaciones sur/sur, es decir, de las naciones más al sur entre sí, tienen un enorme futuro que escasamente ha sido tocado. Tuve la oportunidad de presentar América Latina a mis colegas taiwaneses de manera auténtica, no desde un punto de vista colonial. Tal vez lo logré porque esta experiencia ha forjado una excelente amistad.

El PEN Chino de Taiwán también republicó el ensayo en su bella revista literaria. ¡Me sentí súper al verme a mí misma como autora, siguiendo página tras página en chino!

Buenas tardes. Estoy encantada de estar aquí en Taipei y agradezco a Yanwing y Perng y a todos los buenos colegas del PEN de Taiwán por esta oportunidad maravillosa.

Como saben, el PEN Internacional empezó en Europa y todavía, con pocas excepciones, es una organización eurocéntrica. Vivo en San Miguel de Allende, México, en una región donde el PEN no es muy conocido. A veces creo que el resto del PEN no nos conoce muy bien tampoco. Pero aparte del PEN, en el mundo en general, todo el proceso del descubrimiento de América falló la primera vez, hace unos 500 años. No fue un descubrimiento siquiera. Los exploradores y conquistadores llegaron a América

Latina, matando a la gente y saqueando la tierra. Cuando se volvió difícil y la mayoría de las riquezas fueron robadas, se retiraron y nos olvidaron.

Este supuesto "descubrimiento" funcionó con un modelo de juego personal de suma cero. "Yo gano y tú pierdes", o "tú ganas y yo pierdo". No es un modelo apropiado para un planeta pequeño que debemos compartir. Necesitamos otro acercamiento.

El redescubrimiento que yo recomiendo tiene muchas formas: estoy aquí para hablar del intercambio de poesías. Mi hijo está en este país para hacer negocios. Negocios, poesía, manufactura, ciencia, educación...no importa cuál sea nuestro campo; cualquier, menos la guerra y la violencia, tiene un lugar apropiado en el redescubrimiento que propongo.

Primero, quiero volver atrás por un minuto para pensar en lo que Cortés y los otros conquistadores encontraron en el nuevo mundo, aunque de hecho, no tuvieron ninguna idea en absoluto de lo que encontraron, ni tampoco investigaron. Cuando Cortés llegó al Valle de México en 1519, éste tenía una civilización estupenda en floración. Aparte de la bella ciudad sobre el agua, Tenochtitlán, la mayoría de las artes y las ciencias tenían un gran avance. Por ejemplo, los movimientos del planeta Venus ya habían sido calculados hasta un futuro lejano, sin telescopios. Hacía poco había reinado en el Valle de México uno de los mejores reyes/poetas que ha existido en todo el mundo: Nezahualcóyotl, quien fue rey durante 41 años, hasta 1472 y fue uno de muchos grandes poetas de su era, aunque no sabemos los nombres de todos. ¿Creen que Cortés y sus compañeros acudieron a lecturas de poesías para conocer su poesía?

Como Cortés y sus seguidores no reportaron debidamente sobre América, yo se les voy a contar. Nezahualcóyotl dejó un patrimonio de 36 poemas en lengua náhuatl, que han sido preservados. Aquí hay uno que fue incluido en el material para la campaña reciente del PEN Internacional para el Día de Muertos:

> *¿Con qué he de irme?*
> *¿Nada dejaré en pos de mí sobre la tierra?*
> *¿Cómo ha de actuar mi corazón?*
> *¿Acaso en vano venimos a vivir,*
> *a brotar sobre la tierra?*
> *Dejemos al menos flores*
> *Dejemos al menos cantos*

Aquí vemos dos temas recurrentes, la muerte y la poesía. La poesía de Nezahualcóyotl nos recuerda a la muerte, vez tras vez. Un renglón frecuente es "Aquí nadie vivirá para siempre." A veces, aunque no siempre, él contempla la muerte con tristeza:

> *Estoy embriagado, lloro, me aflijo,*
> *pienso, digo*
> *en mi interior lo encuentro:*
> *si yo nunca muriera,*
> *si yo nunca desapareciera.*

El otro lado de esta existencia fugaz es lo que Nezahualcóyotl llama "Flor y canto" que, según él, nos embriaga. Son lo que podemos gozar en esta estancia breve en el mundo de los vivos y, como dice en este poema, lo que se puede dejar cuando desaparecemos:

> *Hay cantos floridos: que se diga*
> *yo bebo flores que embriagan,*

ya llegaron las flores que causan vértigo
ven y serás glorificado.

Ya llegaron las flores aquí en ramillete:
son flores de placer que se esparcen,
llueven y se entrelazan diversas flores.
Ya retumba el tambor: sea el baile;
con bellas flores narcóticas se tiñe mi corazón.

Con cantos alguna vez me he de amortajar,

La fama de mis flores, el renombre de mis cantos,
dejaré abandonados alguna vez.

La poetisa más famosa del periodo colonial de México fue una monja, Sor Juana Inés de la Cruz (1648-1695). Suya es la imagen que aparece en el billete actual mexicano de 200 pesos. Sor Juana nació en Nepantla, en las afueras de la ciudad de México. Esta mujer extraordinaria se volvió muy poderosa en las cortes de tres sucesivos virreyes españoles, como la protegida de la esposa de cada uno. Por medio de sus contactos en la corte ganó bastante dinero también. Fue tan popular entre los españoles que hay una percepción errónea de que Sor Juana fue española. Fue mexicana de hueso colorado. Nunca salió de México y dejó un gran cuerpo de escritos en náhuatl, el idioma del rey poeta, además de su producción, aún más grande, en español.

Nos podemos confundir bastante al saber que Sor Juana fue una monja de la orden de San Jerónimo. Podemos imaginar a una escritora que se enfoca primeramente en las cosas religiosas, sin embargo, no es el caso. Sor Juana se afilió con una orden religiosa porque fue la única alternativa para no casarse. Escogió su orden cuidadosamente para que tuviera la libertad de ir a la corte, de publicar, de vivir con desahogo y conveniencia. Sirvió en ella por mucho tiempo. No obstante, finalmente fue silenciada. En 1690, Sor Juana Inés de la Cruz fue obligada a dejar de publicar por Manuel Fernández de Santa Cruz, arzobispo de Puebla, México. Desafortunadamente, no obstante todo lo que la madre superiora u otros de sus defensores pudieron hacer, el arzobispo hizo que su voluntad prevaleciera. Fue una tragedia muy grande. Si el PEN hubiera existido en aquel entonces, el caso de Sor Juana hubiera sido un caso notorio para el Comité de escritoras del PEN.

Sor Juana fue feminista, tratando el tema de la mujer con seriedad en su prosa y de una manera más ligera en su poesía. Aquí hay un poema sobre un aspecto de la doble moral. En este poema critica a los hombres que no escatiman sus esfuerzos para seducir a la dama, aunque después se quejen de que ésta ya no es casta y así no podría ser una esposa debida:

> *Hombres necios que acusáis*
> *a la mujer, sin razón,*
> *sin ver que sois la ocasión*
> *de lo mismo que culpáis;*
> *si con ansia sin igual*
> *solicitáis su desdén,*
> *por qué queréis que obren bien*
> *si las incitáis al mal?*
> *Combatís su resistencia*
> *y luego, con gravedad,*
> *decís que fue liviandad*

lo que hizo la diligencia.
Parecer quiere el denuedo
de vuestro parecer loco,
al niño que pone el coco
y luego le tiene miedo.
Queréis, con presunción necia,
hallar a la que buscáis
para pretendida, Thais,
y en la posesión, Lucrecia.

Este poema es en forma restringida, la redondilla de ocho sílabas. Sor Juana escribió en una variedad de formas muy restringidas, sin embargo, pudo hacer bailar las palabras, cualquiera que fuera la forma.

En tiempos modernos está Rosario Castellanos (1925-1974), quien nació en Chiapas, el estado más sureño y más indígena de México. Sus novelas sobre el pueblo maya tuvieron mucho impacto, sobre todo *Balún Canán*, (que quiere decir Nueve Estrellas en el idioma maya) y *Oficio de Tinieblas*. En 1994 cuando brotó la rebelión zapatista en México, parte del apoyo internacional del pueblo maya de Chiapas se debió a los extranjeros que habían leído los libros sobre los mayas de Castellanos. Aparte de su entrega política para la gente maya, también fue defensora de la mujer. Su libro clásico feminista, *La mujer que sabe latín*, toma su título del dicho "Mujer que sabe latín, no tiene marido ni tiene buen fin."

Yo quiero citar a Castellanos por otra razón, para ilustrar un problema que es frecuente en América Latina pero que creo ocurre en todas partes. Es común y terrible entre las mujeres y ocurre entre los hombres también. Es la autocensura.

Aunque grande y popular, aclamada por muchos, apreciada por su gobierno y mandada a Israel como embajadora, Castellanos estuvo crónicamente deprimida. Su matrimonio, con una persona que nunca leyó nada de su obra, fue un desastre. Sufrió constantemente de dudas sobre sí misma, pensando que era fea, sin valor y que tal vez ni siquiera existía.

En el caso de Castellanos, el problema de la censura no fue un mal gobierno o las autoridades religiosas. La escritora censurada y la fuente de la censura eran la misma: su propio ser. Finalmente se suicidó (o se accidentó casi a propósito), silenciando así, permanentemente, su voz.

Ella no es la única. Hay toda una serie de escritoras latino-americanas que se han suicidado, y muchas más que dicen que se censuran a sí mismas cada día. Hay muchas quienes, años después del tiempo de los tabúes y prohibiciones, todavía no pueden gozar de la libertad de expresión que todos buscamos. La lista incluye a escritores importantes, lo cual es una tragedia para todos.

En la poesía de Castellanos donde aparece este lado maligno, con frecuencia sus emociones entran en erupción con una hostilidad gratuita, y la víctima es ella misma.

(Poemas que ilustran este aspecto de Castellanos se encuentran en en pp. 61 y 63 de este volumen.)

Esta es la "otra" Castellanos, la mujer que se siente fea, inservible, que parece experimentar su creatividad como una serie de llagas auto-infligidas. Tristemente, es esta Castellanos quien finalmente triunfó.

Claribel Alegría (1924-) es una escritora de El Salvador, un país pequeño con muchos volcanes espectaculares. Todavía vive. Claribel huyó de América Central en el periodo de las dictaduras de los años 70 y 80, cuando El Salvador sostuvo uno de los más sangrientos de estos conflictos.

Los terribles problemas de entonces en América Latina se debieron realmente a la herencia del primer "descubrimiento", es decir, del saqueo. Después de que los países pequeños (ya despojados de sus riquezas) finalmente se deshicieron de sus colonizadores europeos o quedaron abandonados por ellos, fueron dejados sin poder contra una nueva invasión proveniente de otro lugar. Las compañías de Estados Unidos vinieron del norte, instalaron gobiernos títeres y siguieron saqueando las riquezas de la tierra centroamericana. En lugar de usar la tierra para alimentar a la gente, se entregó para crear enormes plantaciones de fruta para exportación. En esta época, la mayor parte de Centroamerica se convirtió en una "república bananera", efectivamente gobernada por la United Fruit Company. La United Fruit Company fue dueña aun de la tierra bajo los grandes sitios arqueológicos en Guatemala y Honduras. Bolivia y algunos otros países que todavía tenían yacimientos de metales fueron explotados por sus minerales. Algunos extranjeros salieron con enormes ganancias, incluso del 35% y 40% anualmente en las minas y los campos frutales, mientras los trabajadores nativos morían de hambre y enfermedades tratables.

Cuando los levantamientos revolucionarios brotaron en los años setentas, Estados Unidos respondió dando armas a los gobiernos—títeres que había creado—y entrenando a sus soldados. Todavía hay una institución en Estados Unidos, la Escuela de las Américas, (aunque en el año 2000 el Congreso de Estados Unidos rebautizó la institución como Western Hemisphere Institute for Security Cooperation) donde los soldados latinoamericanos fueron entrenados en técnicas de tortura. Aún hay edificios con sótanos en áreas en América Latina, donde no se construyen los sótanos son desconocidos, porque los sótanos fueron recomendados por la Escuela de las Américas como centros de interrogación.

Aquí hay un largo poema de Claribel Alegría de este periodo. Es sobre la masacre del Río Sumpul. El 14 de mayo del 1980, la Guardia Nacional de El Salvador, aliada con las fuerzas paramilitares, intencionalmente mató al menos 300 no combatientes, la mayoría mujeres y niños, que intentaban huir a Honduras, cruzando el Río Sumpul en la frontera entre los países. Los "zopilotes" a los cuales Alegría se refiere, son helicópteros donados por Estados Unidos, que circulaban arriba del río para "limpiar", es decir, para matar a los que todavía no estuvieran muertos. La mayoría del poema de Claribel está en la voz de una sobreviviente de esta masacre, una mujer quien, con dos niños, se había escondido en el río bajo una cubierta de hojas. En este poema, ella da testimonio de sus experiencias ante un periodista:

La mujer del Río Sumpul

Ven conmigo
subamos al volcán
para llegar al cráter
hay que romper la niebla
allí adentro
en el cráter
burbujea la historia:
Atlacatl
Alvarado

Morazán
y Martí
y todo ese gran pueblo
que hoy apuesta.
Desciende por las nubes
hacia el juego de verdes
que cintila:
los amates
la ceiba
el cafetal
mira los zopilotes
esperando el festín.
"Yo estuve mucho rato
en el chorro del río"
explica la mujer
"un niño de cinco años
me pedía salir.
Cuando llegó el ejército
haciendo la barbarie
nosotros tratamos de arrancar
Fue el catorce de mayo
cuando empezamos a correr.
Tres hijos me mataron
en la huida
al hombre mío
se lo llevaron amarrado."
Por ellos llora la mujer
llora en silencio
con su hijo menor
entre los brazos.

"Cuando llegaron los soldados
yo me hacía la muerta
tenía miedo que mi cipote
empezara a llorar
y lo mataran."
Consuela en susurros
a su niño
lo arrulla con su llanto
arranca hojas de un árbol
y le dice:
mira hacia el sol
por esta hoja
y el niño sonríe
y ella le cubre el rostro
de hojas
para que él no llore
para que vea el mundo
a través de las hojas
y no llore
mientras pasan los guardias
rastreando.
Cayó herida
entre dos peñas
junto al río Sumpul
allí quedó botada
con el niño que quiere
salir del agua
y con el suyo.
Las hormigas le suben
por las piernas

le tapa las piernas
con más hojas
y su niño sonríe
y el otro callado
la contempla
ha visto a los guardias
y no se atreve a hablar
a preguntar.
La mujer junto al río
esperaba la muerte
no la vieron los guardias
y pasaron de largo
lo niños no lloraron
fue la Virgen del Carmen
se repite en silencio
un zopilote arriba
hace círculos lentos
lo mira la mujer
y lo miran los niños
el zopilote
baja
y no los ve
es la Virgen del Carmen
repite la mujer
el zopilote vuela
frente a ellos
con su carga de cohetes
y los niños lo miran
y sonríen
da dos vueltas

tres vueltas
y empieza a subir
me ha salvado la Virgen
exclama la mujer
y se cubre la herida
con más hojas
se ha vuelto transparente
se confunde su cuerpo
con la tierra
y las hojas
es la tierra
es el agua
es el planeta
la madre tierra
húmeda
rezumando ternura
la madre tierra herida
mira esa grieta honda
que se le abre
la herida está sangrando
lanza lava el volcán
una lava rabiosa
amasada con sangre
se ha convertido en lava
nuestra historia
en pueblo incandescente
que se confunde con la tierra
en guerrilleros invisibles
que bajan en cascadas
transparentes

los guardias
no los ven
ni los ven los pilotos
que calculan los muertos
ni el estratega yanqui
que confía en sus zopilotes
artillados
ni los cinco cadáveres
de lentes ahumados
que gobiernan.
Son ciegos a la lava
al pueblo incandescente
a los guerrilleros disfrazados
de ancianos centinelas
y de niños correo
de responsables de tugurios
de seguridad
de curas conductores
de cuadros clandestinos
de pordioseros sucios
sentados en las gradas
de la iglesia
que vigilan la guardia.
La mujer de Sumpul
está allí con sus niños
uno duerme en sus brazos
y el otro camina.
Cuénteme lo que vio
le dice el periodista.
"Yo estuve mucho rato
en el chorro del río."

Es un gran alivio que aquellos tiempos hayan acabado. Claribel Alegría está de regreso en América Latina. Gente de buena voluntad en varios países ha reconocido la opresión y busca soluciones. No obstante, no puedo ofrecerles una América Latina feliz para que la descubran hoy, porque tenemos otra grave situación ahora, sobre todo en México. En los últimos años una guerra sin declarar ha brotado, no entre países, sino entre grupos criminales de narcotraficantes y el gobierno de México. Se volvió peor cuando el presidente de México mandó el ejército a la frontera México/Estados Unidos para luchar contra los traficantes en el 2009. El gobierno no ha retirado las tropas y la situación sigue extendiéndose. Desde cuando Felipe Calderón asumió la presidencia en diciembre del 2006, las muertes en este conflicto rebasan los 100,000.

Algunos de las muertes son de traficantes de drogas, pero los traficantes no son los que aumentan tanto las estadísticas. La mayoría de las víctimas son gente inocente que no tiene nada que ver ni con el ejército ni con los traficantes. Hubo una masacre en enero del 2010, en la vecindad de Salvárcar en Ciudad Juárez, una ciudad en la frontera con Estados Unidos, en la cual mataron a todos los que asistieron a una fiesta del barrio, aparentemente al azar. Unas 60 personas, alumnos de preparatorias y universidades cercanas, fueron baleados. Nadie tiene una buena explicación, ningún grupo parece beneficiarse de esta masacre.

Entre los muertos en este conflicto hay muchos escritores, la mayoría de ellos periodistas. Según el Committee to Protect Journalists, 73 fueron asesinados en México solamente en el año 2012. La situación ha ido fuera de control. El gobierno no desmilitariza y las tropas, ahora, por estar mucho tiempo en las zonas más activas, frecuentemente son compradas por los narcotraficantes. Nuestro sistema de justicia es disfuncional, y hoy, enfrentando esta crisis, está peor que nunca. Por las estadísticas del gobierno de México, sabemos que de cada 100 crímenes denunciados, solamente 1.6 llegan a la atención de un juez. (Este número no es 16, es 1.6, menos que 2.)

No sabemos quiénes cometen estos asesinatos, porque en casi todos los casos no hay investigaciones. Los crímenes quedan impunes. Cualquier persona puede matar a quienquiera, sobre todo cerca de la frontera. Necesitamos atención y ayuda internacional.

El 28 de marzo de 2011, el hijo del poeta Javier Sicilia murió sofocado por secuestradores, otra víctima inocente de la violencia. Sicilia ahora lidera manifestaciones masivas de ciudadanos contra la violencia. Este es un poema de Javier Sicilia sobre su hijo.

> *El mundo ya no es digno de la palabra*
> *Nos la ahogaron adentro*
> *Como te (asfixiaron),*
> *Como te*
> *desgarraron a ti los pulmones*
> *Y el dolor no se me aparta*
> *sólo queda un mundo*
> *Por el silencio de los justos*
> *Sólo por tu silencio y por mi silencio, Juanelo.*

Este y muchos otros poemas se encuentran en los textos de la campaña del PEN Internacional para el Día de Muertos, un esfuerzo por llamar la atención internacional hacia los crímenes sin resolver \ contra periodistas y escritores, usando una bella práctica cultural mexicana. El 2 de noviembre, en los hogares y panteones mexicanos, las familias se reúnen para honrar a sus muertos, haciendo altares decorados con flores de cempasúchil, poemas, velas y muchas otras cosas, especialmente las cosas que los muertos querían. Hay altares para personajes públicos y para cualquier persona que alguien quiere recordar. La campaña del PEN fue concebida como una manera de reclutar a nuestros colegas en otros países para ayudarnos a honrar a nuestros colegas asesinados, de la única forma que disponemos como escritores, la palabra.

Voy a cerrar con un poema escalofriante del ex-presidente internacional del PEN, Homero Aridjis, en el cual ve en la terrible situación de hoy, una línea directa de violencia que viene de antes de la venida de los españoles, que hoy en día nosotros también transmitimos. Ojalá nosotros, tanto mexicanos como seres humanos en general, rompamos este ciclo.

> *Somos hijos de dioses crueles.*
> *De nada sirve ver sus pirámides derruidas.*
> *Aún no se borra la sangre en sus peldaños.*
> *Aún sus manos asfixian nuestros sueños.*
> *Su imagen está grabada en esas piedras.*
> *Sus espectros andan en nuestras ciudades.*
> *Al fondo de la pesadilla sus sicarios*
> *nos acechan con puñales negros.*
> *Aunque se vayan de esta tierra a otra parte,*
> *volveremos a procrearlos, volverán a emerger*
> *de nuestro adentro con nuestras facciones,*
> *atroces, despiadados. Somos padres de dioses crueles.*

Bibliografía:

El Salvador, the Face of Revolution, Robert Armstrong and Janet Shenk, South End Press, Boston, 1982.

Woman of the River, Claribel Alegría, University of Pittsburgh Press, Pittsburgh 1989.

Ixox Amar Go, ed. Zoe Anglesey, Granite Press, Penobscot, Maine 1987.

Poesías de Nezahualcóyotl, Abraham Camacho López, Editores México Unidos, México 2008

重新發現美洲

重新發現美洲
中華民國筆會與我同行[*]
Lucina KATHMANN

各位晚安。我很高興有這個機會到台北來參加這個盛會，為此我要特別感謝彭會長、梁主編及諸位中華民國筆會的同仁。

我們都知道，國際筆會起源於歐洲，至今大抵上還是一個以歐陸為中心的國際組織。而我住在地球另一端的墨西哥的 San Miguel de Allende 市，當地沒有多少人知道筆會，筆會也好像不大知道我們。不過先不論今日的筆會，五百多年前美洲大陸的發現一開始就出了不少岔，基本上談不上什麼「發現」新大陸。從歐陸來的探險家及勝利者到了拉丁美洲後肆意殺戮當地人，掠奪當地國家。到後來財富差不多被搶光，局面變得艱難時卻一走了之。

這所謂發現就像是兩個人玩的零和遊戲：「我全贏、你全輸」或「你全贏、我全輸」，沒有其他的選項。我認為地球有點小，不宜用這種模式往來，我們需要找尋另外的互動途徑。

我推動的再次發現美洲的方法很多。在此我來談談透過文字與詩歌的方式。我的兒子現正在台灣從商。但無論貿易、詩歌、製造業、科學、教育等，只要不用戰爭或暴力的手段，各行各業都具有我正在推動參與重新發現美洲大陸的適當條件。就我個人的觀察及從多方得到的資訊顯示，中

Lucina Kathmann

63

Una página de la revista *The Taipei Chinese PEN.*

19. Campo de batalla: México, 2012

La situación en Ciudad Juárez nunca ha sido buena, pero cuando los femicidios empezaron en 1995 y aun más después del 2008, con la erupción de la terrible violencia masiva, me sentí llamada para tratar de entender qué pasaba allá. Mis amigos Betty, una hermana de la Misericordia, y Peter, un sacerdote carmelita, quienes mantienen una casa de hospitalidad en Ciudad Juárez, fueron mis anfitriones varias veces. Me ayudaron a conocer a la gente de Juárez.

México está en una guerra civil no declarada. No se trata de ideologías, y no hay dos lados claros. Empezó como una lucha entre grupos armados por ganar territorio, especialmente de las rutas donde pasan las drogas de México a Estados Unidos, el mercado principal.

En diciembre de 2006 el recién elegido presidente Felipe Calderón declaró una guerra contra las drogas, es decir, contra todos los grupos de narcotraficantes, de los cuales varios estaban luchando entre sí. Calderón pensó que, como las fuerzas policiales locales estaban comprometidas con un grupo u otro, él mandaría una fuerza fresca, gente directamente bajo su control sin lazos locales. Mandó el Ejército Mexicano a los lugares más activos.

Desde entonces muchos narcotraficantes han sido matados y sus drogas incautadas. No obstante, la situación no ha mejorado. Al contrario. Más y más desesperados narcotraficantes han aparecido para remplazar a los caídos. Además, con varios años de experiencia en la frontera, el ejército se ha integrado en la escena. Ahora muchos soldados son igual de corruptos que la policía. Muchas personas ya no saben a quiénes temer más: los narcotraficantes o el Ejército. Para enero de 2012 el BBC estimó que, desde que Calderón asumió la presidencia, en número de muertos en esta guerra fue de 47,515.

Como en la mayoría de las guerras, la cifra de muertos de civiles, de la gente sin armas, es la más grande por mucho. Son víctimas de identidad errónea, no lograron sobornar a alguien o simplemente estuvieron en el lugar equivocado en el momento equivocado. Uno de los lugares más peligrosos es Ciudad Juárez, una ciudad en la frontera al otro lado del río de El Paso, Texas. En El Paso, tiendas de armas se extienden en una línea a lo largo del río, proveyendo las armas para la guerra en el otro lado. En 2007 hubo 300 asesinatos en Ciudad Juárez; en el 2010 hubo 3,000.

La ciudad, tenía una población de entre 1.3 y 2 millones en el 2006, según varias fuentes. Ahora tiene unos 800,000. (729,097 según *Team NAFTA*). Todas las familias que tenían la opción de huir a otro lugar lo han hecho. El 9 de marzo, 2012, *El Diario de Juárez* reportó que desde 2008, la compañía de electricidad ha suspendido 23,000 cuentas, la mayoría en la parte sureste de la ciudad donde hay más casas abandonadas. Los que se quedan en la ciudad son pobres.

El asesinato no es el único problema. El secuestro y la extorsión son muy frecuentes. Restaurantes populares que se quedan pagan hasta 200 dólares por día para mantenerse abiertos. Muchos profesionistas, como doctores y dentistas, han tapado sus letreros con pintura para que parezcan que no están. Solamente atienden a pacientes que ya conocen.

¿Quién está disparando, secuestrando, extorsionando? ¿Narcotraficantes, policía, el Ejército? Nadie dice. En Ciudad Juárez me dijeron: "Es peligroso preguntar y es peligroso saber". La impunidad reina, sobre todo cerca de la frontera, pero también en otras zonas conflictivas en todo el país. El rango de estas zonas se sigue expandiendo: mapas recientes para viajeros, del Departamento de Estado de Estados Unidos, incluyen alrededor de la mitad del país.

En este clima no es sorprendente que muchos escritores, sobre todo periodistas, hayan sido asesinados. Un estudio de la Facultad de Derecho de la Universidad de Toronto dice que 66 periodistas han sido asesinados desde 2000 hasta junio de 2011. Este número no incluye a los desaparecidos, cuyos cuerpos probablemente nunca serán descubiertos. Hay bastantes que son fáciles de encontrar. A veces son dejados multilados o descuartizados en lugares públicos con una nota atada acusando al periodista de inmiscuirse en cosas ajenas.

El 19 de septiembre del 2010 *El Diario de Juárez,* dos de cuyos empleados acababan de ser baleados, uno a muerte, publicó un editorial dirigiéndose a los directores de las fuerzas criminales. Pidió a los líderes del narcotráfico dar guías sobre lo que se puede publicar, una manera valiente e impactante que muestra lo que ha pasado con el derecho del público a la información.

El gobierno central de México, no obstante que la situación ha empeorado dramáticamente, sigue con su línea de "estamos ganando la guerra." A diario ostenta sus últimas fotos de narcotraficantes muertos. El pueblo no está de acuerdo. En

Ciudad Juárez todos me dijeron que su prioridad número uno era que el Presidente Calderón retirara las tropas.

Nadie investiga los asesinatos, nadie recibe cargos, nadie va a la cárcel. Respondiendo a la presión internacional, el Presidente creó una comisión especial (FEADLE) para investigar crímenes contra la libertad de expresión. Esta comisión ha existido durante seis años. Ha aceptado solamente cinco casos y de estos solamente uno ha resultado en una condena. La razón citada es que el gobierno central no tiene jurisdicción; los asesinatos son de la incumbencia de los fiscales de los estados.

Esto no es un caso aislado del fracaso del sistema de justicia. Todo el sistema jurídico mexicano es deficiente. Las estadísticas del gobierno confirman que menos del 3 % de los crímenes denunciados llegan a la atención de un juez. Aun menos reciben condenas. Cualquiera que fuera la manera en la cual México funcionó en el pasado, la deficiencia en el sistema de justicia es desastrosa en la situación actual.

Visité a Ciudad Juárez en febrero de 2010 y otra vez en marzo de 2012. En 2012 el ambiente de la ciudad era más tranquilo. Todavía había cuerpos arrojados en baldíos y todos tenían al menos un vecino actualmente levantado (secuestrado), pero no hubo la avalancha de cadáveres que existió en 2010. La principal razón que los residentes citaron para la leve mejora fue que el Cartel de Sinaloa había ganado la lucha por la ruta narcotraficante de Juárez.

Una historia alentadora que oí fue la de una mujer de la Colonia Insurgentes cuyo esposo había sido secuestrado dos veces, ambas por un rescate de 100,000 dólares EU. Ella había logrado encarcelar a los secuestradores de su marido. Denunció el crimen directamente a agentes federales, brincando los agentes locales y estatales. No solamente los secuestradores están tras las rejas, ella y varios de sus vecinos ya no deben pagar extorsión cada semana. No puede admitir que fue ella quien los denunció, ni aun a su amiga más cercana. Me lo pudo decir porque yo venía de otra parte, la misma ventaja que ella encontró en los agentes federales. Los federales y sus familias están en otra parte, así que no son alcanzables para la venganza. Los míos tampoco.

Su esposo reconoció algunos de sus secuestradores como hijos de gente que conoce de su barrio. "Las familias han perdido control de sus hijos," la señora me comentó.

Aquella familia tuvo mucha suerte. Un joven, secuestrado con el esposo de esta vecina y encadenado con él en un sillón grande por varios días, fue asesinado a golpes. Su cuerpo fue tirado en un baldío de su vecindad.

Conocí a este señor y a su hijo en su negocio familiar momentos después de oír esta historia. No sé qué esperaba pero me pareció asombroso que todavía se viera como un hombre normal. Su esposa ya me había dicho que estaba "perfectamente bien...salvo que ya no soporta estar en lugares cerrados, sigue abriendo puertas." Dijo que era "muy fuerte." En Juárez en estos días, es necesario.

El 13 de marzo de 2012 el Senado de México finalmente aprobó una propuesta para federalizar los crímenes contra la libertad de expresión. Esta propuesta había estado estancada en el Congreso desde el 2008. Ahora la mayoría de los estados mexicanos deben ratificar el proyecto para que se vuelva ley nacional. Algunas fuentes creen que esto puede pasar este verano, aunque no es seguro. Los estados no necesariamente siguen la línea de la capital. Por ejemplo, en los años 1930 la propuesta para dar el derecho de votar a las mujeres estuvo atascada otros 20 años porque los estados no ratificaron la propuesta aprobada por el Congreso de la Nación.

Si la propuesta pasa en los estados, podría ser muy importante. Algunos procesos de crímenes contra periodistas podrían tener resultados tan exitosos como en el caso del esposo de la mujer de Juárez. Veteranos de la lucha por los derechos civiles en Estados Unidos en los años sesenta se acuerdan de la diferencia dramática que la federalización hizo en aquella lucha. Mientras los agentes de Alabama y Mississippi estuvieron a cargo, los asesinados seguían impunes. Con la llegada de los "feds" para procesar los asesinados de activistas como violaciones a su federalmente asegurado derecho civil a la vida, la época de la impunidad se terminó.

20. Un tipo de asesinato

Este es otro artículo escrito después de un viaje a Ciudad Juárez. Este enfoca a las mujeres. Desde la Cuarta Conferencia Mundial sobre la Mujer de la ONU, en 1995, el tema del femicidio (algunos escriben feminicidio) ha sido nuevamente identificado. La quema de novias y los crímenes de honor son femicidios. También las Mujeres de Juárez.

El primer periodo de feminicidios en Ciudad Juárez

Empezando en 1993, se encontraron cuerpos de mujeres jóvenes asesinadas cerca de Ciudad Juárez, la ciudad mexicana al otro lado del Río Bravo (o Río Grande) de El Paso, Texas.

Al principio se creyó que los asesinatos eran obra de una sola persona desquiciada. Reportes iniciales identificaron a las víctimas como prostitutas. Ninguna afirmación fue correcta. Las mujeres eran mayoritariamente trabajadoras en las maquilas, las 3000 fábricas de producción y montaje, casi todas con dueños extranjeros, en la zona de libre comercio cerca de la frontera México/Estados Unidos. El Tratado de Libre Comercio de 1994 promovió el desarrollo rápido de estas operaciones, atrayendo a una fuerza laboral grande de mujeres a la frontera México/EU. Muchas vinieron a la frontera sin sus familias. Las víctimas de estos feminicidios fueron trabajadoras jóvenes y pobres.

Poco a poco se encontraron más y más yacimientos de cuerpos arrojados en el desierto, después se encontraron yacimientos en

167

la ciudad también. Hubo cientos de cuerpos. Finalmente todos concordaron en que ningún individuo pudo haberlas matado a todas. Nadie sabía por qué fueron asesinadas. No parecía existir motivo. Pero el factor de género fue claro: todos los restos en estos yacimientos fueron de mujeres jóvenes.

Muchas personas se preocuparon, pero no se ecnontraron respuestas. El problema fue desbancado por otro problema aún más grave.

La violencia generalizada

En diciembre del 2006, el Presidente de México Felipe Calderón anunció una lucha contra los cárteles de la droga y mandó el ejército a la frontera con Estados Unidos. Esto desató una ola de violencia generalizada que creció hasta volverse una guerra sin declarar. El epicentro fue Ciudad Juárez. Decenas de miles murieron en la ciudad entre el 2007 y el 2012, siendo hombres la mayoría de las víctimas. Algunos fueron asesinados por fuerzas organizadas de narcotráfico, otros por fuerzas policiacas del gobierno. Algunos fueron los blancos directos, otros fueron daños colaterales. Al mismo tiempo hubo una gran ola de secuestros y extorsión de negocios. Los crímenes no fueron investigados, nadie fue castigado. Todos vivían con temor. Los residentes salieron en masa. Ciudad Juárez cambió de ser una ciudad próspera de dos millones de habitantes hasta un lugar con apenas 800,000. Solamente se quedaron los muy pobres.

La situación empezó a cambiar en el 2012. Nadie fue llevado a la justicia, pero una organización criminal ganó la lucha por el territorio, la ruta de drogas que pasa por Ciudad Juárez. El lugar de las grandes batallas se movió hacia el este, a Nuevo Laredo, Reynosa y otras ciudades en la frontera. Todavía hay muchos asesinatos en Ciudad Juárez, pero la mayoría de la lucha ahora ocurre en otra parte.

El segundo periodo de feminicidios

Ciudad Juárez permanece como el epicentro de mujeres asesinadas y desaparecidas. No obstante, por mucho tiempo no se ha hallado ningún gran yacimiento de restos de mujeres como los de antes. Ahora las mujeres simplemente desaparecen. A muchas familias en Ciudad Juárez les falta una mujer. Esto ocurre en el resto del país también, Un póster que vi en la oficina de correos en San Miguel de Allende decía. "¿Falta una mujer en su familia?" Mencionaba un número de una oficina gubernamental para llamar.

Las mujeres que ahora desaparecen en Ciudad Juárez más frecuentemente son estudiantes en vez de empleadas de maquilas. Muchas maquilas se cerraron durante la violencia generalizada. Las desaparecidas de hoy todavía son jóvenes y pobres. Vienen de la misma parte de la ciudad de donde llegaron las que fueron asesinadas antes, el lado polvoroso y montañoso del oeste, donde las subidas y bajadas abruptas hacen que las calles terminen sin salida. Las vecindades están llenas de casas y negocios cerrados. Sus puertas y ventanas están clausuradas con tablas de madera, porque colapsaron durante la violencia generalizada. Hay solamente dos escuelas en el lado oeste; todas las otras preparatorias y universidades están en la más plana y hospitalaria región del este. La mayoria de las maquilas también están en el este.

Durante las dos fases de la violencia contra las mujeres, en la ruta a la maquila o a la escuela, la mayoría de las víctimas viajaban sin protección en transporte público muchas horas al día. Usualmente transbordaban en el centro de la ciudad donde, en un área de seis manzanas cuadradas, un gran porcentaje de las mujeres fueron vistas por última vez, antes y ahora. Letreros o volantes ofreciendo trabajo pagado pueden haber dirigido a las mujeres a alguna dirección en esta área. No hay información porque ninguna mujer ha regresado viva.

¿Dónde han ido? ¿Hay yacimientos que todavía no se han encontrado? ¿Fueron traficadas o sus órganos extráidos y vendidos? Como no han aparecido en ningún lugar, nadie sabe. Un aspecto aun más escalofriante de esta fase de los feminicidios es que sin cadáver, no hay manera de comprobar que han muerto, entonces sus niños no se benefician de los seguros u otro arreglo que su madre pudiese haber dejado. (Este problema aplica a todas las desaparecidas, incluso a las periodistas. Si no hay cadáver, las autoridades pueden decir "Oh, tal vez se fue con su novio." y no hay defensa.)

Una investigación seria tal vez descubriría más información, pero pocas investigaciones han sido realizadas. Hay un factor de género en la razón: estas víctimas son 1) mujeres 2) pobres 3) jóvenes 4) no blancas. Sus problemas no tienen prioridad.

Cajas de huesos

Hubo unas investigaciones contraproducentes también. En algunos casos, las autoridades mexicanas supuestamente identificaron restos de las mujeres, los empacaron en una caja y los entregaron a las familias correspondientes. Las madres, al abrir la caja, no reconocieron los trozos de ropa como la que llevaban sus hijas. Otras que ya habían recibido una caja de restos de un yacimiento, más tarde recibieron otra caja de otro yacimiento, también de los supuestos restos de su hija.

Pronto nadie confió en la calidad de la investigación forense del gobierno de México.

El caso del Campo Algodonero

En el 2001 ocho cuerpos de mujeres jóvenes fueron arrojados en un ex-campo algodonero, al otro lado de la calle de un edificio administrativo de una maquila, en la parte este de Ciudad Juárez. Todas habían sido abusadas sexualmente, torturadas y asesinadas. Tres de los cuerpos fueron mal identificados al principio. Ninguna investigación eficaz fue realizada, y cuando las familias correspondientes empezaron a tomar acción legal, fueron hostigadas y amenazadas por las autoridades. Las tres madres, quienes finalmente fueron las demandantes en el caso legal, obligaron a que reclutaran a un equipo de científicos forenses argentinos. El equipo identificó a siete de los ocho cuerpos. Uno de los cuerpos sólo ha sido identificado solamente por forenses mexicanos.

Las madres valientes prosiguieron el caso hasta la Corte Interamericana de Derechos Humanos en San José, Costa Rica, y obtuvieron un fallo contra México. Las condiciones impuestas por el fallo son numerosas, con párrafos sobre la necesidad de mejorar los protocolos para la investigación de feminicidios y realizar dichas investigaciones, de llevar a cabo campañas educativas y crear sitios web sobre el feminicidio, de disculparse públicamente con las familias de las víctimas y de crear un memorial permanente para ellas, algo que satifaciera a las madres demandantes.

El gobierno mexicano va demorado en el plan de cumplimiento de las reparaciones impuestas por la Corte, pero ha cumplido con algunos puntos, en particular el parque memorial. El campo algodonero donde se encontraron los cuerpos será un parque permanente dedicado a la memoria de las víctimas de feminicidio. El parque se abrió en marzo del 2012, y la pieza de arte que corona el memorial, una bella estatua por la artista chilena Verónica Leiton, fue instalada en agosto de 2012. El parque se ubica en la cruce de Paseo de la Victoria y Avenida Ejército Nacional, al lado del Hotel Conquistador Inn, cerca del Consulado de Estados Unidos. Está siempre abierto y tiene un velador las 24 horas.

En memoria de las niñas y mujeres víctimas de violencia de género en Ciudad Juárez.

El 06 y 07 de noviembre de 2001, en el lugar de este Memorial, se encontraron los cuerpos vida de ocho mujeres y niñas:

Claudia Ivette González
Esmeralda Herrera Monreal
Laura Berenice Ramos Monárrez
María de los Ángeles Acosta Ramírez
María Rocina Galicia
Merlin Elizabeth Rodríguez Sáenz
Mayra Juliana Reyes Solís
No identificada

Una placa encargada por las condiciones del fallo de la Corte Interamericana de Derechos Humanos.
La placa enlista los nombres de las mujeres cuyos cuerpos fueron arrojados en este lugar. Una es "no identificada" porque solamente ha sido identificada por forenses mexicanos.

La escultura en la parque memorial,
encargado por las condiciones del fallo de la
Corte Interamericana de Derechos Humanos.

Gracias a Cecilia Espinosa de la Mesa de Mujeres de Ciudad Juárez, la Hermana Betty Campbell de Casa Tabor, Ciudad Juárez y la Hermana Mary Peter Bruce de la Comunidad de Hermanas de Loretto de El Paso.

21. Lolita, las Mariposas y la Imaginación

El tema de la revista de Líbano en el 2014 fue:¿Por qué leemos ficción? Otra excelente oportunidad para que yo presuma a las maravillosas escritoras del sur global, incluyendo a la presidenta recién electa del PEN Internacional, Jennifer Clement.

Con todas las opciones disponibles para la investigación objetiva, tanto por los nuevos medios como por los viejos, ¿por qué leemos o escribimos ficción? Como un maravilloso escritor me comentó una vez, "¡Son nada más mentiras!"

Pero en cada siglo y en cada cultura seguimos leyendo y escribiendo estas mentiras. Las contamos a nuestros niños. Las convertimos en películas, obras de teatro, pinturas y toda otra forma de arte.

Creo que no hay una respuesta única a esta pregunta por una razón obvia y sistemática: lo que la ficción hace por nosotros tiene que ver con nuestras propias necesidades. ¿Qué esperamos que la ficción nos haga? Un niño que escucha una fábula puede estar aprendiendo las reglas de la sociedad en la que nació. ¿Qué le pasó al zorrito que dijo una mentira? ¿Valió la pena? Aunque la historia, desde una perspectiva, es mentira en sí misma, pronto el mensaje se transmite. Un amigo, hace años, adoptaba un personaje para entretener a sus hijitos en la tina de baño, susurrando en tono amenazador, "¡El crimen paga!" Todos, incluso el que tenía dos años, sabía que no podía ser verdad. Gritaban encantados.

Muchos dicen que leen para escaparse. Quieren matar el tiempo, escaparse de sus familias, evitar sus obligaciones. Este elemento fue elevado a un tamañogigsntesco en *Reading Lolita en Tehran,* de Azar Nafisi. Describe una situación en la cual las libertades personales apenas existen. Un grupo de mujeres jóvenes encuentran un respiradero y aun la salvación estudiando literatura escrita en inglés. Leen sobre personajes en situaciones tan diferentes que, al pensar en ellos, sus imaginaciones se liberan como con ninguna otra actividad en sus vidas. El valor, la traición, la honradez, la belleza en las situaciones de los personajes en las novelas inglesas, se ven como nada en la realidad en la que viven. En su mundo, están constantemente a merced de horribles policías de las costumbres, llamados Sangre de Dios, listos para golpearlas con bastones por tener un mechón de cabello o un poco de piel expuestos, usar cosméticos bajo su velo o esmalte de uñas bajo sus guantes.

Reading Lolita in Tehran, subtitulada *Una memoria en libros,* no es en sí misma una obra de ficción, mejor dicho, su tema es la ficción. Una profesora popular y talentosa, cansada de batallar con las fuerzas de la censura, finalmente escoge salir de la universidad y enseñar desde su propia casa. La literatura en Irán, dice ella, es importante solamente como la criada de la ideología. El censor había llegado a ser el rival del poeta en el re-arreglo y la reformación de la realidad.

"Lo que buscamos en la literatura no es la realidad sino la epifanía de la verdad", dijo Nafisi. Para llegar a ella, hay que tener bastante libertad para dar rienda suelta a la imaginación.

"Tengo una fantasía recurrente que un artículo más ha sido agregado a la Declaración de Derechos: el derecho de acceso libre a la imaginación."

El/la escritor/a de ficción debe tomar la responsabilidad del proceso de todos sus personajes, buenos y malos. La ficción explora no solamente cómo es la realidad sino cómo podría ser o debería ser. Así toda la estructura de la novela es democrática, multivocal. Es la democracia de voces la que es tan peligrosa a la disposición autocrática: los textos creativos transcienden aun los prejuicios del/de la autor/a.

En sus clases en la universidad, Nafisi se enfrenta constantemente a uno que otro/a alumno/a que dice que todo su proyecto es inválido porque los personajes que ella estudia son inmorales y decadentes. El esfuerzo mismo para enseñar cómo funcionan estos personajes aparentemente es inmoral. Lo único que hay que hacer con una persona mala es denunciarla. (¡No obstante, muchos de estos estudiantes siempre se reinscriben en sus clases en el próximo semestre!)

Esta disposición genera violencia a la ambigüedad de la vida misma. Nafisi cita a Henry James "Debemos despertar a nuestras propias contra-realidades" y a Nabokov, "Los lectores son libres y deben quedarse libres." Las actividades de leer y escribir una ficción dependen de la empatía y la curiosidad. ¿Cuáles de sus alumnas tenían estas facultades?

Las jóvenes a quienes Nafisi invita a ser parte de su clase especial de literatura son bastante diversas. Las escoge solamente por su interés en la literatura. De alguna manera, no obstante cuán conservadoras, izquierdistas o de otra tendencia sean, esta mujeres pueden considerar los textos sin caer en una línea partidaria.

Nafisi termina con un grupo cuyas preocupaciones son las de las mujeres jóvenes en todas partes. Por ejemplo, quieren ser guapas. Aunque saben que hay que esconderlo, continúan llegando a casa de Nafisi, quitándose sus chadores para revelar maquillaje, esmalte de uñas, peinados y ropa llamativa.

Este anhelo es igual de innegable en *Ladydí*, la nueva novela de Jennifer Clement sobre las mujeres que viven en una parte de México donde los narcotraficantes están en el poder. Como en el mundo de Nafisi, este anhelo ha sido frustrado. Aparte de las drogas, los narcos se involucran en el tráfico de mujeres. El libro empieza: "'Ahora te hacemos fea', dijo mi madre".

Las madres de esta montaña insisten en que sus niñas son niños por tanto tiempo que es aun mínimamente creíble. Pintan de negro sus dientes. Excavan fosas donde las niñas pueden esconderse cuando los narcotraficantes vienen para secuestrarlas. El personaje principal, Ladydí, coopera y así salva su vida, no obstante, quiere ser guapa. Se acuerda con nostalgia de la única vez que Ruth, la estilista, (antes de que Ruth misma fuera secuestrada), pintó sus uñas, aunque Ladydí tuvo que quitar el esmalte antes de salir de la sala de belleza. Una niña guapa, aun si lo es solamente un poco, corre demasiado riesgo. Los narcos saben de ellas de inmediato.

Más tarde, cuando está en la cárcel, Ladydí ve prisioneras constantemente pintando y repintando sus uñas y rostros. Su compañera de celda, Luna, dice que se siente más segura en prisión que nunca antes. Quiere la prisión y no desea salir.

La calidad peligrosa de la belleza se trata directamente en la novela de la gabonesa Justine Mintsa, *Histoire d'Awu*. Awu no es una niña, es una mujer adulta con hijos. Su querido esposo ha muerto y ella ha sido heredada a su perezoso y desagradable hermano, Nuegma Afane, como una de las cosas bellas que pertenecían a su marido muerto. Es un cambio de condición que la nuevamente pendenciera Awu debe enfrentar a cada paso. Esperando una solución pacífica, Awu sugiere a Nguema Afame que omitan las relaciones físicas de costumbre, implicadas en esta nueva condición. Él contesta:

> *"¿Qué crees que soy, Awu? Un hombre que pasa por cosas bellas sin intentar tocarlas no es hombre."*
> *"¿Yo? ¿Una cosa bella? ¿Yo, la esposa de su hermano mayor? ¿Y desde cuándo he dejado de ser Mamá Awu?"*
> *"Pues, desde que la costumbre lo decidió. Eres una cosa bella, Awu."*

Una premisa diferente del mundo de Ladydí, pero que ilustra bien la calidad del doble filo de la belleza de la mujer. Ser guapa, por mucho que las mujeres lo quieran, también puede esclavizarlas o matarlas, no por la belleza en sí misma, sino por el efecto que produce sobre otros.

El censor en Irán, si se siente estimulado por algún aspecto de una mujer, la acusa de inmediato de hacerlo a propósito. Ella es la criminal, no él. El traficante en México, sin justificación ninguna, simplemente viene y se la lleva. En Gabón, como ella es una cosa, el hombre la hereda por costumbre.

El tema de los efectos de la belleza de la mujer sobre los demás no va a desaparecer porque, aunque los deseos de autoexpresión de las mujeres son principalmente independientes de sus efectos sobre los demás, frecuentemente y recurrentemente hay un elemento consciente de atraer a otros. No creo que las alumnas de Nafisi quieran atraer a los terribles hombres de la policía de costumbres; pero cuando el nuevo maestro de la escuela viene a su montaña en Guerrero, las madres de las compañeras de Ladydí todas van a la sala de belleza para ponerse guapas. En parte, es simplemente un deseo para hacer gala del evento, para darle importancia, una bienvenida para el nuevo maestro. No obstante, hay algún elemento de atracción sexual. El maestro es un hombre en una sociedad que ahora no tiene hombres. Nadie piensa realmente que el joven maestro (que viene para hacer su servicio social) se va a interesar en una de las cansadas y aterrorizadas madres de la montaña, pero hay una tensión causada por alguna ambigüedad sexual que, yo creo, al menos a veces el asunto de la belleza afecta en toda cultura y a cualquier edad.

No obstante, todas las niñas y mujeres quieren ponerse guapas. Tal vez no todas las mujeres lo quieren, tal vez no toda la vida, pero este motivo es casi universal. No importa si los efectos son estéticamente mejores en verdad, las niñas y mujeres quieren experimentar consigo mismas, quieren que sus propios cuerpos las expresen. Pensando en esto, me acordé de mi propia hermana menor Ruth, quien tenía menos de dos años de edad cuando empezó a querer que un pequeño mechón de su cabello fuera atado aparte del resto. Se paraba derecha y ella lo llamó su "bonito".

Este tema tiene poco que ver directamente con la ficción, ¿pero realmente es verdad? La ficción me ha dado acceso a este fenómeno a través de las culturas. Salto de la literatura de un continente a otro para entender esta y otras cosas.

Otro de los muchos temas que se pueden tratar de manera elocuente por medio de la ficción es la violencia. En México, nos muestran cuerpos cortados en pedazos en bolsas de plástico o colgados de puentes con demasiada frecuencia. No es necesariamente por culpa de los periodistas; la vida en sí misma ha adquirido un tono de nota roja. En *Ladydí* también se ven muchos cuerpos muertos asquerosos, pero no son solamente como para decorar la primera plana de un periódico, también mueven la trama. Muestran un enorme hueco entre los pobres y los ricos. Ladydí y su madre encuentran el cuerpo de un joven cerca de su casa y nadie nunca pregunta por él. La madre de María es asesinada por narcos y más tarde, la sirvienta Jacaranda es asesinada por policías. Estos son casi no-eventos. Tampoco muestran una diferencia entre los métodos de los narcos y los policías. Pero cuando Mike, el vecino de Ladydí, mata a la hija de un gran capo de los narcos, hay muchas consecuencias. La policía da caza aun a Ladydí y la meten en la cárcel.

En el tiempo de las Mariposas, de Julia Álvarez, es la historia de las hermanas Mirabal, heroínas de la República Dominicana, popularmente llamadas las Mariposas. Este libro es parte memoria, parte novela histórica, parte biografía, realmente un género medio. Aunque la mayoría se ubica en los años cincuentas, también se ve el presente, con Álvarez misma manejando por una ruta rural mal señalada, para entrevistar a la única hermana Mirabal superviviente.

Usando muchas técnicas en el esfuerzo de crear o recrear la situación de vida de Patria, Dedé, Minerva y María Teresa Mirabal, Álvarez conscientemente trata de ayudarnos a entender la creciente violencia. "Quería sumergir a mis lectores en una época de la vida en la República Dominicana que creo que finalmente se puede entender solamente por medio de la ficción, finalmente se puede redimir solamente por la imaginación humana."

Muchos en América Latina saben, tal vez vagamente, que tres hermanas de una familia destacada dominicana dieron sus vidas por causa de la libertad nacional, en el tiempo de la dictadura de Rafael Trujillo. Las Naciones Unidas conmemoraron este evento nombrando el día de su muerte, el 25 de noviembre, el Día Internacional de la Eliminación de la Violencia contra la Mujer, celebrado todos los años en muchos países. Pero este es un dato bastante frío, bastante lejano de nuestras vidas. Por mucho que estemos dispuestos a admirar a las mujeres, no sabemos los modales del dictador ni las circunstancias que hicieron que las mujeres arriesgaran todo para unirse a un movimiento para deshacerse de él.

En el libro de Álvarez vemos el desagradable culto a la personalidad, con un evento escolar o social tras otro incluyendo las humillantes gracias obligatorias personales para el dictador. Vemos su foto en cada hogar. Las monjas en la escuela de Patria y María Teresa, en vez de proteger a sus alumnas como sus padres les encargaron, arreglan audiencias privadas entre Trujillo y una alumna que le atrae. Trujillo intenta seducir a la brillante Minerva y después toma venganza contra ella, negándole su licencia para practicar la ley. Una tras otra, las personas desaparecen, asesinadas por las fuerzas de Trujillo. Se siente cada vez más el enojo. La muy religiosa Patria va a un retiro espiritual y por casualidad atestigua la escena de una gran cantidad de jóvenes dominicanos cayendo muertos por disparos, en un esfuerzo fallido de revolución. Dando comunión a las hermanas, un sacerdote susurra su apoyo: "¡Vivan las Mariposas!"

Para cuando las hermanas deciden ir a visitar a sus esposos encarcelados, el viaje en el cual fueron asesinadas, nos sentimos ultrajados y también decimos "Vivan las Mariposas".

Soy una viuda que vive en América Latina. Nadie me va a heredar, nadie controla mi ropa y no es probable que alguien me secuestre para el narcotráfico. (A veces secuestran a mujeres grandes para ser "mulas" que cargan las drogas a través de la frontera, pero vivo muy lejos de la frontera para que esto sea práctico). Pero trabajo en una organización mundial de escritores. Soy responsable ante gente de todo el mundo. Necesito y quiero entender diversos contextos sociales.

Leo artículos, estadísticas y ensayos y me ayudan a entender problemas, pero muchas veces no puedo entender cómo los problemas se desenvuelven en las vidas de la gente. Sin embargo, una vez que tengo un nombre y una cara, un personaje en un libro de ficción al que quiero, puedo entender como el personaje enfrenta sus problemas, muchas veces de manera tan vívida que nunca lo olvido. Ladydí y su amargada y cuchufleteada madre, me muestran el mundo de los narcotraficantes muy rápido. Veo la condición de la mujer en aquel mundo: "Una mujer desaparecida es solamente otra hoja que baja el desagüe en un aguacero."

Conozco también a Awu, la "bella cosa" en la herencia de su esposo, quien se pone elocuente, feroz y finalmente amenazante, de una forma que las otras bellas cosas: obras de arte, herramientas, tierra, rebaños...jamás lo harán.

¿Entonces qué es la ficción, qué hace en nuestras vidas?

En realidad es una pregunta sobre nosotros mismos, ¿qué necesitamos que la literatura haga en nuestras vidas? La ficción cuenta historias. A lo mejor las necesitamos por razones relacionadas, de alguna manera al mundo de Nafisi. Tal vez las necesitamos para liberar nuestra imaginación, alguna manera de convertirnos en "extranjeros en nuestra propia casa". O tal vez las necesitamos para cuestionar nuestra propia realidad, sea para gozar de su ambigüedad o para rechazarla y cambiar. O tal vez necesitamos las historias para evaluar nuestra propia realidad, aunque sea muy buena. O tal vez queremos desarrollar nuestras facultades de empatía o imaginación.

Considerando el rápido cambio de los medios de comunicación en los últimos años y el diferente acceso que nos da a lugares lejanos, puede haber efectos completamente nuevos también. Efectos que nadie todavía ha considerado. Cada uno de nosotros parte de su propia realidad. Nafisi dice que debemos preservar nuestra individualidad como "la única manera de dejar de bailar con el carcelero". Ella habla de un esfuerzo constante de restringir a la gente para que vea las cosas según algún concepto de lo que es políticamente correcto. Pero pueden existir muchas otras amenazas a nuestra individualidad también. Podemos estar atrapados en una tendencia hacia una homogeneidad global que debemos rechazar a favor de una realidad más humana.

Afortunadamente creo que no habrá una respuesta a la pregunta, no habrá una respuesta única. La cuestión misma seguirá como las necesidades humanas seguirán, tejiendo una red de escritor a lector, de lector a lector, de lector a escritor, de escritor a escritor, de país a país.

Bibliografía:
Ladydí, (Prayers for the Stolen) Jennifer Clement, Hogarth, Random House New York 2014
Histoire d'Awu, Justine Mintsa, Gallimard, France 2000
Reading Lolita in Tehran, Azar Nafisi, Random House, New York, 2003
En el Tiempo de las Mariposas, Julia Alvarez, Penguin, new York 1995

22. Sueños de Educación para Todos

Mi amigo Nick Patricca dijo, "¿Por qué no has escrito sobre lo que haces en Chicago?" No tuve respuesta. Voy a Chicago y enseño matemáticas dos veces al año. Lo he hecho desde hace décadas. Es tiempo de que escriba sobre esto.

Hace años, cuando mi esposo y yo viajábamos con niños pequeños y estábamos en Chicago, los mandamos a la escuela Agassiz. Era la escuela pública más cercana a donde nos quedábamos. Las escuelas privadas no trataban con nosotros porque íbamos y veníamos más de una vez al año. En cambio, las escuelas públicas tenían que aceptarnos, como deben aceptar a cualquier tipo de familia migrante.

Así fue como llegamos a Agassiz por primera vez. Fue en 1989.

Agassiz es una escuela pública ordinaria de Chicago. Va del pre-kinder al 8º grado. Antes no se destacaba por nada. Ahora se especializa en artes teatrales. En todo caso, académicamente no figura entre las mejores escuelas. Es solamente una escuela.

En aquella temporada acababa de terminar algún escándalo entre los padres de familia y el muy burocrático Consejo de Educación de Chicago. Los padres habían ganado concesiones para tomar un papel más activo en las escuelas. En este momento, la escuela dio la bienvenida a los padres para acudir y participar, haciendo, virtualmente, cualquier cosa que se les daba la gana. Me acuerdo de Charlie, mi esposo, leyendo cuentos de Halloween a los alumnos del primer grado. Yo acompañé a muchas clases en sus excursiones.

Nuestros niños nunca fueron fanáticos de Agassiz, pero la escuela hizo surgir algo en Charlie y en mí que no sabíamos que existía (o al menos no sabíamos que existiera con tanta fuerza): tuvimos sueños de educación para todos. La misma cualidad de ser absolutamente ordinaria, de ser cualquier escuela en cualquier lugar, nos inspiró. Tenía una atmósfera civilizada que todavía persiste. También está la chistosa mezcla étnica de Agassiz, nunca se puede identificar una raza predominante, y de hecho, el próximo alumno va a ser de una raza de la cual uno nunca ha oído. Aquella calidad también atrapó nuestras imaginaciones y corazones. Realmente nos enganchamos.

Charlie murió en 1996 y pronto nuestros hijos se graduaron del 8° grado y eligieron quedarse en el sistema educativo mexicano. ¿Pero yo? Me quedé con Agassiz. Estoy ahí hasta hoy en día.

Cada vez que venía a Chicago, iba a Agassiz para ver qué podía hacer. Por un rato ayudé en el programa de tareas después del horario escolar. Empecé enseñando a alumnos de todas las edades en todas las materias. Después me di cuenta de que algunos maestros eran territoriales sobre habilidades lingüísticas, mientras gran parte del personal docente y de los voluntarios no se sentían preparados para ayudar en matemáticas, sobre todo en los grados más altos, así que siempre había lugar para mí. De hecho, hubo mucho lugar para mí. Entonces me trasladé hasta el horario escolar mismo y empecé a especializarme en matemáticas. Es mi materia favorita de todos modos.

Despúes empecé a enfocarme en los alumnos dotados. Las escuelas públicas en general no presentan mucho reto para los chicos dotados y esto seguramente es el caso en Agassiz. Agassiz tiene muchos programas para alumnos con retrasos mentales y alumnos autistas. Es buena para integrarlos en la corriente principal. Ahora el 25% de los alumnos inscritos son parte de educación especial para estas condiciones. Como casi siempre, no hay nada para los dotados.

La Ciudad de Chicago tiene una red de diez escuelas preparatorias de inscripción selectiva. (Selective Enrollment High Schools) que aparecen en todas las listas de las mejores preparatorias del país. Son excelentes y no cuestan nada. Hay un examen que se aplica en el invierno para entrar. Hay otros requisitos también, como buenas notas, pero el examen es muy importante. Me volví entrenadora para los alumnos que se preparaban para este examen.

El Consejo de Educación de Chicago es muy reservado sobre el examen. Lo único que divulga es que hay cuatro partes: lectura, habilidades lingüísticas (gramática), matemáticas, y vocabulario. Todas las partes cuentan igual.

Por reportes de alumnos hechos después de presentar los exámenes, empecé a percibir que las calificaciones más bajas de los alumnos de Agassiz siempre estaban en la sección de vocabulario.

¿Vocabulario? Es solamente memorización. Busqué en el internet y encontré listas de palabras dirigidas a personas que presentaban el examen SAT, examen estándar para entrar en la universidad, (en aquel tiempo todavía no se usaba mucho el examen ACT). Las listas decían que eran para alumnos de 16 años y más. Esto siempre les gusta a mis alumnos, quienes típicamente tienen 12 o 13 años y ya quieren saber "palabras de 16 años". No obstante, como yo les digo siempre, no existen "palabras de 16 años", solamente existen palabras.

Ahora y por muchos años, mis alumnos y yo hacemos ambos, matemáticas y vocabulario, y las calificaciones se han emparejado. Mis listas son extremadamente populares. He olvidado hace mucho tiempo en qué sitio las conseguí, pero tengo una copia maestra de las listas y a veces hago un libro encuadernado con espiral de ellas, como un regalo para los alumnos que se gradúan. Van a necesitarlas otra vez para los exámenes SATs y GREs (para entrar a maestrías y doctorados) y exámenes estándares de todos tipos.

No me pagan este trabajo. Para mí esto ha sido un dato poderoso que emplear con los alumnos. Agrega una dimensión de importancia que aun asusta a algunos. Hago lo que hago por ellos; no hay manera de esquivar este hecho. Creo que nunca he perdido a nadie porque se sintiera indigno/a de inmediato, pero frecuentemente tengo que tratar con sus emociones de este tipo. No están acostumbrados a ser tan importantes.

Escribo casi todo mi material. Me piden más práctica sobre algo; yo corro a casa y lo escribo para el día siguiente. (Lo escribo aun en el tren y a veces pierdo mi parada.)

Mi ayuda no es una solución adecuada para alumnos dotados de Agassiz, por supuesto. Les digo a los alumnos: "Vivo en México. Estoy aquí dos veces al año por poco tiempo. No hay un programa para alumnos dotados en esta escuela; yo soy todo lo que tienen. Pero cuando estoy, trabajo de tiempo completo. Trabajaremos para que entiendan lo más y lo más rápido que pueden. También me pueden contactar por correo electrónico todo el año. Les voy a dar mi tarjeta de presentación con mi correo."

Esto también asombra. No están acostumbrados a que alguien les dé una tarjeta de presentación. Algunos encuentran manera de mandarme correos, entonces trabajo con ellos/ellas todo el año. En todo caso siempre sé cuándo van a presentar su examen. Intento mandarles mensajes antes y después. Siempre quiero saber cómo les fue.

En Agassiz, enseño bajo los auspicios de los maestros de matemáticas de los grados superiores. Había varios de ellos, todos buenos colegas. Una ONG, Chicago Network for Justice and Peace, paga mi transporte y gastos. También regala algunos materiales pedagógicos a los maestros de los grados superiores para su salón.

Estos maestros me ayudan a identificar mi grupo objetivo. A veces cometen errores, entonces me permito algo de auto-selección también para rectificar injusticias. Por ejemplo, puede haber un alumno de desarrollo tardío, o alguien que no se desempeña bien con un maestro hombre o alguno que ha estado muy aburrido para cooperar, quienes realmente deben estar en mi grupo. También muchos sugeridos para mi grupo desertan. Siempre les digo a estas personas que no concluyan nada por no poder seguir o por no sentirse bien en mi grupo; puede ser que para ellos no es el momento apropiado para asumir un trabajo extra. Un grupo medular siempre emerge rápido.

La mayoría de mi tiempo estoy con alumnos del 7º y 8º grado, pero también me enfoco en los del 6º grado. Algunos no han entendido que son dotados, o, aun si lo sabían, no pensaban que esto podría ser algo aparte de simplemente un estorbo. Entonces les cuento del maravilloso mundo de la vía rápida en Chicago, las Selective Enrollment High Schools, y los planes que tengo para que las alcancen.

A todos les gusta mi sugerencia. Empiezan a quejarse de que se están muriendo de aburrimiento, de que se duermen mucho en clases. Quieren saber cuándo es el primer día que yo voy a llegar para ofrecerles el mundo maravilloso de los números negativos, las variables y las ecuaciones, así como las palabras polisilábicas (para personas de 16 años) de mis cuadernos negros con espiral.

Una nota sobre mis métodos de enseñanza: No los tengo. No hago caso a lo que está en boga, sea matemáticas nuevas o matemáticas con palitos o la moda reciente en las escuelas públicas de Chicago de los libros de tamaño pequeño, no me acuerdo cómo se llaman. Estas cosas enriquecen a alguien (y tengo mucha envidia porque no he podido descubrir cómo distribuir mi propio libro de matemáticas en ningún sistema de escuelas) pero son irrelevantes para la enseñanza de matemáticas. Si debo cubrir un tema, el maestro de matemáticas de los grados superiores me dice cuál es y yo me aseguro de que mis muchachos lo aprendan. Es todo. He enseñado con pizarrones blancos y negros, móviles y fijos, en salas de clase, en pasillos, en el fondo del auditorio y en un clóset abajo, que por alguna razón tiene un pizarrón. Tengo algo de material didáctico que he conseguido en el transcurso de los años pero no es mucho, y dudo que vaya a conseguir más porque la mayoría de las librerías independientes han cerrado.

Cualesquiera que sean mis métodos, los he heredado de mi propia maestra, Ms. Evelyn Bogardus Gutekunst, quien enseñaba en St. Agnes School, en Albany, New York, en los años cincuentas. Su método consistía principalmente en divertirnos mucho. Por lo que puedo decir, este acercamiento nunca ha sido superado por nadie. En alrededor de veinte años de enseñanza, he recibido cero quejas sobre asuntos de métodos de enseñanza.

No obstante que sea el tema de muchos cursos de educación y los asuntos relacionados llenen los periódicos, no le importa un bledo a nadie con quien yo me topo.

Una vez que mi ritmo de enseñanza en Agassiz se estableció, cobró vida propia. Creo que siempre he jugado con las matemáticas, pero se volvió extremo. En el camino, escribí un libro de matemáticas, que ahora va por su tercera edición, y se llama *Un bosque de matemáticas*. Su nivel está basado completamente en mi trabajo en ese entonces en Agassiz, aunque emplea personajes que he utilizado en cuentos infantiles por décadas. Presenta números negativos, exponentes, coordenadas cartesianas, decimales, quebrados o fracciones, porcentajes, etcétera, en términos de eventos de la vida cotidiana que ocurren en un bosque ficticio habitado por animales. ¿Cómo es que hay "eventos de la vida cotidiana" en tal bosque? Un ejemplo: los números negativos se presentan en un problema que surgió entre los canguros. Un cangurito empezó a dar brincos hacia atrás y no pudo parar. Cuando intentó ir al patio de recreo, Paratrás terminó aún más lejos del patio que de su casa, desde donde empezó. Para rescatarlo, sus hermanos y hermanas tuvieron que identificar dónde estuvo. Para hacer esto, tuvieron que extender la recta numérica en el sentido negativo.

No quiero repetir la trama de todo mi libro de matemáticas aquí. Quiero contar sobre cómo yo continúo mi sueño de educación para todos, que es lo que Agassiz representa para mí. Preparo al grupo de alumnos seleccionados empezando en el 6° grado, y para cuando empiezan su 7° grado tengo un buen grupo con muchas ganas de seguir. Cuento muchos chistes sobre matemáticas y todos aprendemos detalles de la vida de los demás. Las palabras del vocabulario especialmente nos ayudan a caracterizar los elementos de nuestras vidas.

Por ejemplo, tengo a una muchacha con un padre despótico ahora mismo. Entonces cuando llego en mi lista a alguna palabra como "intransigente", cedo la palabra a ella. Pido que la use en un enunciado, y todos sabemos sobre quién va a ser este enunciado. Siempre están los que tienen hermanos menores que quieren ofrecer un enunciado con palabras como "crédulo" o "aplacar", tales como "Mi hermanita estuvo gritando, entonces tuve que aplacarla."

Yo cuento muchas historias también. Reporto lo que mi hijo Nico, un matemático, me escribe sobre cómo resolver sistemas de ecuaciones. Cuento como fui en kayak con mi hermana y zozobré. Digo muchas cosas. Esta semana una niña me preguntó si pensé que el saco que llevé a una entrevista les había gustado a los del colegio, como yo esperaba. (Estoy en entrevistas para enseñar en una universidad bilingüe también).

Todos los años un buen número de alumnos de Agassiz entran en las Selective Enrollment High Schools. Esta es la parte de nuestro éxito que se puede medir. Pero tenemos otros éxitos también. Primero, no hay nadie en toda la institución que se acuerde del estereotipo de que las niñas no son buenas para las matemáticas. Esta idea se quedó a medio camino hace más de una década, tal vez dos.

A veces recibimos visitas de los/as antiguos alumnos/as que están en las Selective Enrollment High Schools. Nos encuentran dondequiera que estamos, frecuentemente en el pasillo por nuestro problema perenne de escasez de salones. Visitan cuando tienen un día libre por alguna razón. Esto es fabuloso porque más tarde guían a los que entran en la misma prepa. Los alumnos de mi grupo siempre quieren hablar con los ex-Agassiz sobre cuáles prepas ellos prefieren y por qué. Ahora hay un grupo de mis antiguos alumnos en Whitney Young High School, todos amigos uno del otro. Una sirve de mi secretaria, manda mis mensajes a los demás. Otro es el líder social informal del grupo. No sé cómo esto ocurrió pero es maravilloso.

El intercambio de información sobre las prepas es valioso. Frecuentemente los alumnos deben discutir con sus padres sobre su preferencia de escuela, especialmente sobre si la vecindad de la escuela está demasiado plagada de pandillas. Los padres, especialmente de niñas, frecuentemente plantean temas de seguridad. No intervengo porque los alumnos tienen más credibilidad entre sí que conmigo. Pero tengo una opinión: Creo que es importante resistir desviaciones en temas de seguridad; educación de calidad debe ser la primera consideración.

Pero sí hablo de su futuro, aun el futuro lejano. Recomiendo la Universidad de Illinois como una buena opción para alumnos con residencia en Illinois. Es más allá de las posibilidades económicas de la mayoría de sus familias pero tiene muchos arreglos especiales para estudiantes del centro de la ciudad.

También hablo sobre como nunca deben rendirse. Conozco otros recursos excelentes en prepas que no forman parte de la red de Selective Enrollment High Schools. Conozco a una familia que, como la mía, vive en ambos lugares, Chicago y San Miguel de Allende. Sus dos hijos se graduaron de una prepa mediocre (o peor) en Chicago. La prepa, no estando acostumbrada a alumnos dotados, de todos modos estuvo a la altura. Les dio cursos acelerados. Los chavos siguieron a Universidad de Illinois y los dos se graduaron. Uno en particular gana un salario impresionante como ingeniero.

"Así que nunca hay necesidad de rendirse", les digo. "Si fracasaron en el examen, o si sus calificaciones del año pasado les descalificaron, ni modo. Siempre hay manera de usar lo que aprenden hoy y aprenderán mañana. Sigan adelante y van a encontrar su trayectoria debida para liderar la sociedad como se debe."

Los alumnos a los que he enseñado, aparte de ser maravillosos, son de todas las descripciones que uno se pueda imaginar, todas las razas, religiones, tamaños, formas, estados de aceptabilidad social, etcétera. Ninguno ha venido de una familia privilegiada pero el nivel de función de sus familias ha variado también. Algunos son de buenas familias que simplemente no saben inglés. Esta situación es bastante fácil de tratar. Pero una fue la hija de una mujer barman, alcohólica, quien estaba en Chicago sola, sin otros familiares. Tuvimos que conspirar para encontrar a aquella madre en un estado en el cual podía firmar solicitudes.

Otras familias trabajan muchos turnos y raras veces están en casa. Una hermana y hermano que entraron en muy buenas escuelas venían de una familia como ésta. Tuve que hacer mandados para ellos porque corrían peligro de no tener a otro adulto disponible para ayudarlos. Otro muchacho fue el hijo de una pareja con un arreglo de custodia compartida que malfuncionó de tal manera que, muchas veces, tuvo que estar conmigo porque el otro padre todavía no había llegado.

Una vez conocí a una mujer quien quería que su hija, su único vástago, fuera a Northside Prep, posiblemente la más prestigiosa de las Selective Enrollment High Schools. La familia se había mudado de una vecindad muy elegante hasta dentro de los límites de la ciudad de Chicago para tener los requisitos legales. La mujer y su esposo, los dos altamente educados, le dieron ayuda especial a diario a la niña, haciendo uso de una enorme gama de recursos. Siempre pienso en esta familia como un ejemplo del apoyo que mis muchachos están muy lejos de tener.

¡Está bien conmigo! No me siento llamada para trabajar con los que ya tienen todo. Me interesan los alumnos que realmente merecen estar en las primeras filas, pero que posiblemente no vayan a llegar si no me meto en sus vidas para empujar. Esto es lo que me hace seguir.

La gente en la portada

Las fotos en la portada, casi todas sacadas por mi cámara, muestran a gente que yo he conocido en todo el mundo en espacios privados y lugares públicos.

Collage de abajo:

Decorando un gomero para la Navidad con nietos Juanito, Carol, Sofi e hija Maru.

En Uruapan, México, bailando interpretando un árbol y firmando libros a la vez.

Con hijo Daniel, horas después de su nacimiento. *Foto Mike Snyder.*

Con alumnas de Agassiz Ilani, Giselle, Ilisa, Diamond, Leila, Lauren, Roz.

Día de la boda, Lucina con Nicolás Kuschinski, Selene González y María Morales.

Collage de arriba:

Con Elizabeth Starcevic fuera de las Naciones Unidas en Nueva York.

En Tortum, Turquía.

Defne Yagmurdereli (seg. desde la der.) y otros niños turcos en Tortum, Turquía.

Presentando mi libro al Presidente de Senegal.

En un congreso del PEN con Zeinab Diallo, Marian Botsford-Fraser y Itxaro Borda.

Con Gustav Murin y el PEN Chino de Taipei.

Alicia Quiñones, PEN México.

Tienchi Martin, Centro PEN Chino Independiente.

Presentación de libro con Víctor Sahuatoba.

Rose Mary Espinosa, PEN México.

La nuera y el nieto de Fatou Ndiaye Sow.

Fatou.

José Muratti-Toro, PEN Puerto Rico.

Con la doctora Ma Thida, ex-presa de Burma.

www.ingramcontent.com/pod-product-compliance
Lightning Source LLC
Chambersburg PA
CBHW060748050426
42449CB00008B/1317